新财经改革研究系列丛书

U0656867

Research on Risk Warning and
Crisis Intervention of Mental Health for College Students

大学生心理健康风险预警与危机干预研究

余小高 著

东北财经大学出版社
Dongbei University of Finance & Economics Press
大连

图书在版编目（CIP）数据

大学生心理健康风险预警与危机干预研究 / 余小高
著. —大连：东北财经大学出版社，2024.9
（新财经改革研究系列丛书）
ISBN 978-7-5654-5214-7

Ⅰ.大… Ⅱ.余… Ⅲ.大学生-心理健康-健康教育-
研究 Ⅳ.G444

中国国家版本馆 CIP 数据核字（2024）第 070087 号

东北财经大学出版社出版
（大连市黑石礁尖山街217号　邮政编码　116025）
网　　址：http://www.dufep.cn
读者信箱：dufep@dufe.edu.cn

大连图腾彩色印刷有限公司印刷　　东北财经大学出版社发行

幅面尺寸：170mm×240mm　字数：195千字　印张：16.25　插页：1
2024年9月第1版　　　　　　　　2024年9月第1次印刷

责任编辑：时　博　王芃南　　　　　责任校对：那　欣
封面设计：张智波　　　　　　　　　版式设计：原　皓

定价：82.00元

教学支持　售后服务　　联系电话：（0411）84710309
版权所有　侵权必究　　举报电话：（0411）84710523
如有印装质量问题，请联系营销部：（0411）84710711

　　本书为湖北省高等学校哲学社会科学研究重大项目（省社科基金前期资助项目）"大学生心理健康风险预警与危机干预研究"（项目编号：21ZD092）成果，并获得该项目资助出版

前　言

　　当前，我国高等教育已经进入普及化教育阶段，2023年年底毛入学率超过了60%，规模已经居世界第一。建成教育强国、建成世界重要人才中心和创新高地，都需要我们在拔尖创新人才上、在人才的自主培养能力上发力，这是满足发展新质生产力、实现中国式现代化对人才需求的关键一招、破题之举。

　　为了更好地促进大学生健康成长和全面发展，国家制定了一系列关于大学生心理健康方面的政策，例如《高等学校学生心理健康教育指导纲要》（教党〔2018〕41号）指出，"深入学习贯彻习近平新时代中国特色社会主义思想，全面贯彻党的教育方针，把立德树人的成效作为检验学校一切工作的根本标准，着力培养德智体美全面发展的社会主义建设者和接班人"。该文件要求总体目标达到"常见精神障碍和心理行为问题预防、识别、干预能力和水平不断提高。学生心理健康问题关注及时、措施得当、效果明显，心理疾病发生率明显下降"。《教育部办公厅关于加强学生心理健康管理工作的通知》（教思政厅函〔2021〕10号）提出，"注重关心帮助学习遭遇困难、学业表现不佳的学生，教师要及时给予个别指导，鼓励同学间开展朋辈帮扶，帮助学生纾解心理压力、提振学习信心"。《教育部等十七部门关于印发〈全面加强和改进新时代学生心理健康工作专项行动计划（2023—2025 年）〉的通知》（教体艺〔2023〕1 号）强调，"促进学生身心健康、全面发展，是党中央关心、人民群众关切、社会关注的重大课题。随着经济社会快速发展，学生成长环境不断变化，叠加新冠疫情影响，学生心理健康问题更加凸显"。该文件给出了工作目标，即"健康教育、监测预警、咨询服务、干预处置'四位一体'的学生心理健康工作体系更加健全，学校、家庭、社会和相关部门协同联动的学生心理健康工作格局更加完善"。

根据这些文件的精神，为帮助学生纾解心理压力、提振学习信心，加强大学生心理健康教育工作，切实做好心理危机干预，培养有理想、敢担当、能吃苦、肯奋斗的新时代好青年，在借鉴学界研究成果的基础上，从大学生学习的角度出发，笔者组织研究了湖北省高等学校哲学社会科学研究重大项目（省社科基金前期资助项目）"大学生心理健康风险预警与危机干预研究"（项目编号：21ZD092），本书是该课题的研究成果，旨在为实现新时代大学生健康成长和全面发展做出积极贡献。

余小高

2024 年 8 月

目 录

1

导论

本书从学习角度探究大学生心理健康风险预警与危机干预。心理健康风险预警指对大学生在学习过程中存在的各种各样心理健康风险进行预测和报警，例如学习动机不纯、动力不足、学习"躺平"、学习焦虑等心理问题的预测和报警；危机干预指对因心理健康问题导致学习效果差，甚至达不到高等教育基本要求的大学生进行有效帮助，帮他们度过心理危机，恢复正常发展。

1.1 研究背景

1.1.1 问题提出

随着5G通信、物联网、云计算和大数据等相关技术的飞速发展，数据以多样化和指数级增长，具有数据量大、流动性快、共享性强和价值高等特点，大数据时代已经来临[1][2]。大数据对大学生思想观念的影响越来越大，大学生心理健康风险日益突出[3]。研究显示，存在轻微心理健康问题的高校学生约占25%，存在严重心理健康问题的高校学生约占3.5%，存在较严重心理健康问题的学生可能出现对自己或他人进行伤害的行为[1]。

大学生心理健康问题已受到社会广泛关注[1]，在大学生心理健康教育方面，有关专家、学者提出了网络模式的高校心理健康教育途径[4]，也进行了有关大学生心理健康系统的研发[5]，但这些研究成果

① 张慧. 大学生心理健康教育的困境及出路 [J]. 中国电化教育, 2023 (12): 99-105.
② 郭兰. 大学生心理健康知识教育对策和途径研究——评《大学生心理健康教育》[J]. 中国学校卫生, 2021, 42 (7): 955.
③ 许国彬, 陈国海. 大学生心理健康教育 [M]. 北京: 清华大学出版社, 2021.
④ 王婉. 马克思主义生命观视域下大学生心理危机干预研究 [D]. 郑州: 郑州大学, 2022.
⑤ HUNG J L, RICE K, KEPKA J, et al.Improving predictive power through deep learning analysis of K-12 online student behaviors and discussion board content [J]. Information Discovery and Delivery, 2020, 48 (4): 199-212.

主要由人工收集数据，样本少，处理方法较单一。在大学生心理危机干预方面，已有的研究成果主要采用人工干预模式[①]，无法做到预防，并及时有效发现问题和解决问题。当前，在大学生心理健康教育及危机干预中，其内容、方式、方法等已难以适应新时期高校学生的要求，存在形式简单、求助率不高、利用率不高、效率低等问题[②]。高校应将课程思政融入教学中[③]，充分发挥大数据的优势，精确实时预警大学生心理健康风险并有效地进行危机干预，有针对性地对大学生进行心理健康教育[④]。

为了帮助大学生树立正确的人生观、道德观、价值观和知识观，有效地干预大学生心理危机，本书将大数据技术应用到大学生心理危机干预中，采集学生管理系统数据、教务系统数据、一卡通数据、网络数据、学习系统数据、课堂管理数据、医疗数据、学生基本数据等，采用大数据存储、处理技术，提取和选择学生特征，选取合理的算法，构建预警模型，对有心理健康风险的学生进行预警。将课程思政理念融入专业知识教学，设置基于课程思政的专业知识点，建立知识库，对有健康风险的学生进行个性化教学，潜移默化地对大学生心理危机进行干预，最大限度地提高人才培养质量。

1.1.2 研究意义

大学生心理健康风险预警和危机干预可以帮助学生尽早发现问题，提高学生心理素质、促进学生全面发展，也可帮助教师或辅导员了解学生的整体情况，及时干预和帮助有心理健康风险的学生。研究

---

① BENITO S, LOPEZ-MARTIN C .A review of the state of the art in quantifying operational risk [J]. Journal of Operational Risk, 2018, 13 (4): 89-129.
② 郝晓玲, 李艳红, 赵凌萍, 等. 数据驱动的教学仪表盘设计与应用 [J]. 中国教育信息化, 2020, 482 (23): 53-58.
③ 杨坤融. 基于机器学习的 MOOC 辍学预测策略研究 [D]. 重庆: 重庆邮电大学, 2023.
④ 张丛铄. 基于大数据的研究生心理危机预警机制的构建 [J]. 中国新通信, 2020, 22 (2): 80-81.

发现，学校积累的海量数据可得到有效利用，使管理人员对校情和学情有更细致的了解，提高教育质量，降低学生心理健康的风险，因此本书的研究具有重要的实用价值。

教育大数据是一门迅速发展的交叉学科。近年来，智能手机、物联网和云计算的发展为教育大数据的研究提供了丰富的数据。然而，当前的教育大数据研究还不够深入，其特征表现为数据量小、处理方法简单以及适用范围狭窄。我们拟采用大数据技术，从多个数据源的海量数据出发，通过精心设计的数据处理方法提取模型特征，进而构建一个较通用的大学生心理健康风险预警和危机干预模型。本书成果可以拓展教育大数据的研究方法和适用范围，因此具有较强的学术价值。

基于大数据的大学生心理健康风险预警与危机干预是一个崭新的课题，目前尚有若干问题亟待解决。通过研究，不仅有利于学校的教育工作，也可以推动教育大数据学科的发展，对科学研究和社会发展均发挥了积极作用。本书研究成果可适用于拥有类似数据的其他高校。

1.2 研究现状与分析

1.2.1 研究现状简述

本书从教育大数据挖掘（Educational Big Data Mining，EBDM）的角度，采用大数据技术研究大学生心理健康风险预警与危机干预机制，相关研究成果梳理如下。

1）功能角度

根据预警和危机干预功能的实现形式不同，当前大学生心理健康风险预警和危机干预系统主要有以下四种类型：

第一，独立预警与危机干预。

由学校或企业机构主导开发并独立运行的心理健康风险预警与危机干预系统，实现心理健康风险预警与危机干预的相关功能，例如美国普渡大学研发并推出的课程信号系统和 Desire2Learn 推出的学生成功系统[①]。美国普渡大学研发的用于监测教学状态的课程信号系统属于在线预警和危机干预系统，该系统使用一种新的算法能够预测出学生的学习效果，并对教学中存在的问题进行预警和干预。

第二，预警与危机干预过程可视化。

为了增强心理健康风险预警与危机干预结果的可解释性和可读性，可将可视化工具应用到预警和危机干预系统中，实现预警和危机干预过程可视化功能。这样能够直观地了解学生情况，例如可汗学院推出的仪表盘[②]，采用的是动态图形化界面，简单直观。

第三，个性化预警与危机干预。

将个性化工具应用到学生心理健康风险预警与危机干预中，实现对不同学生进行个性化预警的功能，电子顾问采用的就是这种方法。美国亚利桑那州立大学研发并推广的电子顾问[③]通过探索学生的心理偏好，进行个性化预警和危机干预。

第四，模块组件预警。

① HUNG J L, RICE K, KEPKA J, et al. Improving predictive power through deep learning analysis of K-12 online student behaviors and discussion board content [J]. Information Discovery and Delivery, 2020, 48 (4): 199–212.
② 郝晓玲，李艳红，赵凌萍，等. 数据驱动的教学仪表盘设计与应用 [J]. 中国教育信息化，2020，482（23）：53–58.
③ 阮士桂. 美国州级纵向教育数据系统（SLDS）发展特征及启示 [J]. 中国远程教育，2019，40（12）：71–78.

　　将学生心理健康风险预警和危机干预系统作为一个功能模块应用到在线教学平台中，例如海星预警系统①，该系统具有对学生心理健康进行风险预警和危机干预的功能，能够预警学生心理健康风险，并对存在的问题进行干预，从而提高教学质量。

　　2）教学环境角度

　　学生心理健康风险预警和危机干预一直是教育科学研究的重点，以下根据教学环境的不同，分别从三个方面介绍该领域的研究现状。

　　第一，封闭式教学。

　　封闭式教学系统主要指单机学习系统和基于C/S结构的管理信息系统。这类系统涉及的数据量很小，如Ting通过决策树算法分析高校教学系统中的数据②，找到对学生课程及格率产生影响的关键心理健康因素，并成功地对学生心理健康风险进行预警。

　　第二，开放式教学。

　　开放式教学环境具有允许教师与学生之间互动和交流的功能，其中最典型的是智能导学系统（Intelligent Tutoring System，ITS）③。Fernando等人利用ITS记录大量的学生数据，构建了学生心理健康预警模型，根据该模型预警有心理健康风险的学生④；Luis等人分析了学生在学习论坛中的交流和发言记录，采用聚类和分类等技术，成功地对学生心理健康风险进行了预警⑤；Choe等人利用逻辑回归技术处理和分析在线课程中的教学数据，得到了影响学生学习的关键心理健

　　① 张丛铄. 基于大数据的研究生心理危机预警机制的构建［J］. 中国新通信，2020，22（2）：80–81.
　　② LUIS，GUTIÉRREZ，VICTOR，et al.Using the belbin method and models for predicting the academic performance of engineering students［J］. Computer Applications in Engineering Education，2019，27（2）：75–80.
　　③ BENITO S，LOPEZ-MARTIN C .A review of the state of the art in quantifying operational risk［J］. The Journal of Operational Risk，2018，13（4）：89–129.
　　④ SILVA L F C D，BARBOSA M W，GOMES R R.Measuring participation in distance education online discussion forums using social network analysis［J］.Journal of the Association for Information Science and Technology，2019，70（2）：140–150.
　　⑤ 杨坤融. 基于机器学习的MOOC辍学预测策略研究［D］. 重庆：重庆邮电大学，2023.

康因素[①]。

第三，新型教学环境。

近年来，随着信息技术的飞速发展和在教育领域的广泛应用，大量的新型教育教学环境如雨后春笋般涌现。例如，移动智能设备[②]、各种类型的游戏[③]、丰富多彩的社交网络[④]、增强现实技术在教育教学中大量和深入的应用[⑤]，以及大规模开放在线课程的推广与普及[⑥]。众多研究者对这些新型的教育教学环境进行了研究。

以上是国外的大学生心理健康风险预警与危机干预的研究现状与分析，国内在该领域的研究起步较晚，且在研究广度和深度上又与国外有较大的差距[⑦]。近十年以来，国内对教育教学数据的研究取得了一些进展[⑧]，但总体上还存在不足，主要体现在三个方面：一是创新性不强，研究成果多为对国外研究的评论、跟踪和改进；二是技术深度不够，研究成果多发表在教育类期刊上；三是研究范围较窄，研究成果主要集中在心理健康教育理论、方法和风险预警与危机干预的思路等领域，利用大数据预警大学生心理健康问题的研究几乎没有。

① CHOE D .Longitudinal relationships amongst child neglect, social relationships, and school dropout risk for culturally and linguistically diverse adolescents [J]. Child Abuse & Neglect, 2021, 112 (2): 104891.
② JENNIFER C, PADMAKUMARI P .The role of self-fulfilling prophecies in education: teacher-student perceptions [J]. I-manager's Journal on Educational Psychology, 2018, 12 (1): 8.
③ NAWAZ N, DURST S, HARIHARASUDAN A, et al.Knowledge management practices in higher education institutions—a comparative study [J]. Polish Journal of Management Studies, 2020, 22 (2): 291-308.
④ LARA J A, LIZCANO D, MARTINEZ M A, et al.A system for knowledge discovery in e-learning environment within the European Higher Education Area-Application to student data from Open University of Madrid, UDIMA [J]. Computer & Education, 2014 (72): 23-36.
⑤ ZHANG S, ZHOU P, LIU Z, et al.Extracting low-density and valuable association semantic link from domain news [J]. Lecture Notes in Electrical Engineering, 2014 (309): 349-354.
⑥ MÒNICA F M, MARÍA D M, JULIO-CÉSAR M.Students' perceptions on social media teaching tools in higher education settings [J]. Comunicación y sociedad=Communication & Society, 2021 (34): 15-28.
⑦ 王福德，宋海龙，孙小海，等. 多源异构教育大数据挖掘与应用平台 [J]. 吉林大学学报 (信息科学版)，2023，41 (5): 922-929.
⑧ 肖龙. 智能时代个性化学习中的多重偏误及其风险批判 [J]. 教育学报，2023，19 (6): 55-66.

1.2.2 当前研究存在的问题

近年来，教育数据挖掘的研究得到迅速发展，越来越多的学者对大学生心理健康风险预警与危机干预这一课题的研究表现出浓厚的兴趣，但是当前的研究还处于基础阶段，体现在以下三个方面：

1）数据来源比较简单

目前的研究主要针对简单的数据集，其特点包括：一是数据来源比较单一，数据仅来自一个系统[1]，不能全面和系统化地对大学生心理健康风险进行预警；二是数据量较小，研究的数据集涵盖的学生不多，占全体学生比例较小，不具有典型性和代表性[2][3]。

2）数据处理比较容易

从发表的研究成果来看，其涉及的数据在结构和内容上比较简单，包含的噪声数据较少，基本不需要复杂的数据清洗工作就可以对大学生进行心理健康风险预警和危机干预[4][5]，局限性强，泛化性不足。

3）应用范围比较狭窄

现有的研究工作是根据特定数据进行建模，以这些数据为基础构建预警模型，预警大学生心理健康是否有风险，无法对特定学生数据之外的学生进行预警，这实际限制了研究成果的适用范围[6][7]。

① 方海光，罗金萍，陈俊达，等. 基于教育大数据的量化自我 MOOC 自适应学习系统研究 [J]. 电化教育研究, 2016, 37（11）: 38-42+92.
② 赵鹏，朱祎兰. 大数据技术综述与发展展望 [J]. 宇航总体技术, 2022, 6（1）: 55-60.
③ 杨刚，杨凯. 大数据关键处理技术综述 [J]. 计算机与数字工程, 2016, 44（4）: 694-699.
④ AJIBADE S S M, AHMAD N, SHAMSUDDIN S M.Educational data mining: enhancement of student performance model using ensemble methods [J]. Microelectronics Systems Education, 2019（551）: 012061.
⑤ 郭羿，韦文山，邓居昌. 基于线上线下学习行为分析的学生成绩预测研究 [J]. 现代计算机, 2022, 28（17）: 23-29.
⑥ ALSADOON E, TURKESTANI M.Virtual classrooms for hearing-impaired students during the coronavirus covid-19 pandemic [J]. Revista Romaneasca Pentru Educatie Multidimen-Sionala, 2020, 12（1Sup2）: 1-8.
⑦ ALSHDAIFAT E, AL-SHDAIFAT A, ZAID A, et al.The impact of data normalization on predicting student performance: a case study from hashemite university [J]. International Journal of Advanced Trends in Computer Science and Engineering, 2020, 9（4）: 4580-4588.

1.3 研究内容

1）研究对象

本书采用大数据技术，拟对学生管理系统、教务管理系统、校园卡消费系统、学习系统、医疗系统、校园网等的数据进行集成、清洗和分析，提取和选择有心理健康风险学生的特征，进而构建预警模型，设计危机干预策略，开发软件系统。

第一，研究大数据技术，搭建教育大数据平台。探讨教育大数据服务模型，对学生管理系统、教务管理系统、校园卡消费系统、学习系统、医疗系统、校园网等数据进行集成、清洗和分析。

第二，研究学生特征提取和选择的方法。探索学生特征提取和选择的方法，选出符合大学生心理健康风险预警和危机干预需求的特征。

第三，研究预警和危机干预方法，构建符合要求的预警模型，设计危机干预策略。采用大数据平台将大数据集分块，组成多个数据子集，利用投票式组合预警方法对各数据子集并行计算，得出各子集的最优预警结果，然后汇总各个预警结果，再次采用投票式组合预警方法进行处理，得出最终预警结果。设计基于个体特征和融入课程思政的大学生心理危机干预策略，探索虚拟大学生心理健康服务中心。

2）研究内容框架

本书研究内容主要包括学生特征提取、大学生心理健康风险预警模型构建、基于个体特征和融入课程思政的大学生心理危机干预策略的设计、原型系统开发四个部分。学生特征提取是在对各种教育、教学、医疗、学生学习和学生管理等的数据源进行集成和分析的基础上，从这些数据中提取能够识别学生类型的特征，这是整个研究的基础；大学生心理健康风险预警模型构建是以提取的学生特征为基础，选择符合预警模型需求的特征，设计有效的大学生心理健康风险预警模型；危机干预策略是设计能有效干预大学生心理危机的策略；原型系统开发是用编程工具完成大学生心理健康风险预警模型的软件开发。

研究内容框架如图1-1所示，下面对四个研究部分进行介绍。

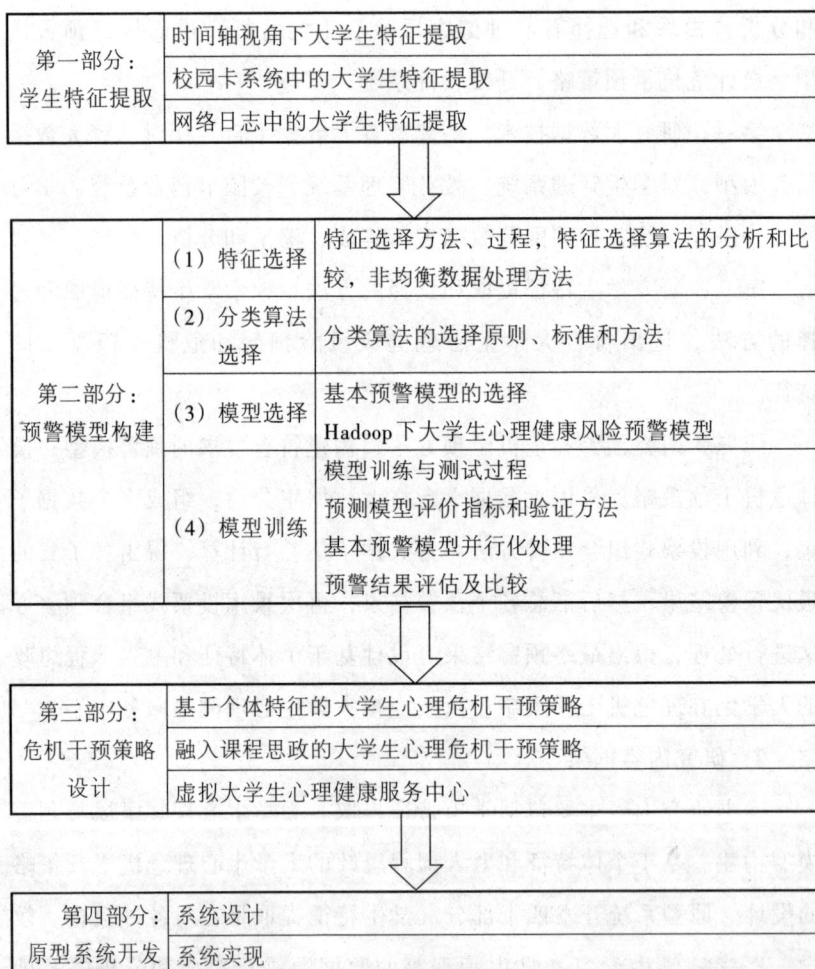

第一部分：学生特征提取	时间轴视角下大学生特征提取
	校园卡系统中的大学生特征提取
	网络日志中的大学生特征提取

第二部分：预警模型构建	（1）特征选择	特征选择方法、过程，特征选择算法的分析和比较，非均衡数据处理方法
	（2）分类算法选择	分类算法的选择原则、标准和方法
	（3）模型选择	基本预警模型的选择 Hadoop下大学生心理健康风险预警模型
	（4）模型训练	模型训练与测试过程 预测模型评价指标和验证方法 基本预警模型并行化处理 预警结果评估及比较

第三部分：危机干预策略设计	基于个体特征的大学生心理危机干预策略
	融入课程思政的大学生心理危机干预策略
	虚拟大学生心理健康服务中心

第四部分：原型系统开发	系统设计
	系统实现

图1-1 研究内容框架

（1）学生特征提取

学生特征提取是指搜集和处理与学生相关的各项数据，为心理健康风险预警模型与危机干预提供所需要的学生特征。根据学生数据来源的不同，该项研究内容分为基于时间轴、校园卡和网络日志等的特征提取。

第一，时间轴视角下大学生特征提取。

以时间轴为主线，以入学档案信息为基点，从新生入学开始，提取大学生基本特征。根据其内容分为三大类：学生基础特征、身心健康和社会关系。学生基础特征指姓名、性别、年龄、身高、家庭情况等；身心健康指良好、一般、较差、重大疾病等；社会关系指同学关系、师生关系以及与社会人员的关系等。这些数据主要来自学生信息系统、校医院医疗系统、教务管理系统等。本部分首先主要采用常规处理方法，对学生的基本数据进行采集、分析、处理、转换、统计和计算，然后对有部分缺失的数据和相互矛盾的数据进行单独处理。

第二，校园卡系统中的大学生特征提取。

利用校园一卡通系统长期积累的数据，提取学生特征，判断其作息规律，以此来预警学生心理健康风险。该部分的数据来源主要是学生的校园卡系统，包括学生的宿舍门禁、图书馆门禁、图书借阅数据、早餐消费记录、午餐消费记录、晚餐消费记录、校内营业点消费记录、校医院看病记录等。为了更好地对这些数据进行解释，弄清楚其实际意义，需要对校园卡系统进行研究，并对不同学校、专业、年级的学生进行访谈和调研，研究和设计对应的算法来判别和提取学生的作息特征，并判断学生的作息规律。

第三，网络日志中的学生特征提取。

提取网络日志特征，教师和教育管理者可了解学生的偏好，识别学生访问各种网站的内容及花费的时间。从学校网络中心服务器、路由器和防火墙等设备下载的网络日志涵盖的网址数量庞大，并含有大量的噪声数据，当前还没有成熟的研究方法来进行大规模的网络日志特征提取。网络日志特征提取从以下三个方面展开：其一，对网址进行分类。结合已有的网址分类表、人工网址分类和计算机辅助网址分类等方法，将网络日志中数量庞大的网址分为主类、大类和小类三层，逐层细化和展开。其二，计算学生浏览特殊网站的时间。例如，教育学习类网站、游戏类网站和视频类网站等，学生浏览这些网站对其心理健康影响很大，提取这些特征能大大提高心理健康风险预警模型的性能，因此估算学生浏览这些特殊网站时间的精度要求很高。其三，估算学生浏览其他网站的时间。学生除了浏览特殊网站外，还浏览了数量巨大的其他网站，但是这些网站对心理健康风险预警模型的性能影响比较小，可采用较为粗略的估算浏览网站时间算法，同时对那些异常网站进行单独处理。

（2）预警模型构建

构建大学生心理健康风险预警模型是指选择合适的学生特征和分类预警算法，通过历史数据对分类预警算法进行训练和检验，建立有效的大学生心理健康风险预警模型，预警学生的心理健康风险。该部分从以下四个方面展开研究：特征选择、分类算法选择、模型选择和模型训练。

第一，特征选择。

根据学生数据提取的特征较多，部分特征有可能与学生心理健康风险预警与危机干预无关，同时有心理健康问题学生占所有学生的比例小，属于非均衡数据的特征提取与选择问题。为了避免过拟合和更好地解释学生的行为与结果之间的关系，以利于指导实践，在大学生心理健康风险预警模型中不能完全采用提取的这些特征，需要选择能够准确识别有心理健康风险学生的关键特征。

第二，分类算法选择。

目前许多应用广泛的分类算法可以快速、有效地发现规模较小的数据间的规律，且性能优异，但是这些算法已无法满足大数据应用需求，亟须拓展、优化已有的分类算法来满足大数据应用的需要。为了做好大学生心理健康风险预警模型中分类算法的遴选工作，根据分类算法性能的评价标准和不同分类算法的比较，选择符合大学生心理健康风险预警模型需要的分类算法，这样才能有效地对学生数据进行分析和挖掘，预警学生心理健康风险。

第三，模型选择。

选取大学生心理健康风险预警模型是指选取合适的分类算法来预警学生心理健康风险。目前常用的分类算法有决策树、支持向量机、神经网络、朴素贝叶斯、逻辑回归等。该部分将选取合适的候选模型，并研究组合预警模型，以便进行预警模型训练和评估，从而选择性能最优的心理健康风险预警模型。

第四，模型训练。

该部分是用历史数据对各候选模型和组合模型进行训练，对它们的性能进行评估，最终选取效果最优的预警模型。要完成这部分的研究，需要采用大数据技术，解决海量数据存储和处理、模型训练与样本选择等问题。

（3）危机干预策略设计

近年来，有学习困难的大学生人数有上升趋势，由此引发的心理危机日趋明显。大学生学习心理危机对正常学习生活造成严重影响，阻碍了大学生的发展。本研究基于大学生心理危机干预策略，将个体特征和课程思政理念融入专业知识教学，设置基于个体特征和课程思政理念的专业知识点，建立、扩充和优化知识库，实现个性化教学，潜移默化地对大学生心理危机进行个性化干预，对学生进行正确引导，对风险加以预防，最大程度地提高人才培养质量。

（4）原型系统开发

该部分是将选取的大学生心理健康风险预警模型与危机干预策略用编程语言开发出一个可运行的软件系统，对模型和干预策略进行检验和改进，以便进一步为学生、老师和教育教学管理者等提供服务。该部分涉及大数据技术、软件技术选型、系统架构设计、系统功能设计、数据接口设计、界面设计和项目管理等。软件功能主要包括数据获取、预警模型与危机干预策略实现、用户管理和邮件通知几个部分。

1.4 研究成果

本书在对大数据技术，大学生心理健康、心理危机干预等文献分析和研究的基础上，开展了专题问卷、案例调查、个案调查等调研和专题研讨活动，实行教育大数据采集、分析及研究，取得如下研究成果。

（1）综述了大数据技术。传统的数据处理技术不能满足大数据的实时性、有效性的需求，大数据采集、加工、存储、处理、传递、提取、共享、可视化等方面亟待技术变革和创新。为解决大学生心理健康风险预警与危机干预中的大数据技术问题，综述、分析、归纳了大数据处理的若干关键技术。

（2）讨论了学生特征提取。为了有效地对大学生心理健康风险进行预警和危机干预，分析了常用特征提取方法，介绍了基于时间轴的大学生心理健康特征分析方法和大学生作息规律判断方法，探讨了基于网络日志的大学生偏好判断方法。

（3）探讨了学生特征选择。为提高预警模型的效率和精确度，在学生特征提取的基础上论述特征选择方法，归纳特征选择过程的基本步骤，阐述特征选择算法的分类标准及其类别，分析和比较特征选择算法。为了有效地解决非均衡样本的学生特征选择问题，提高预警模型的精确度，分析了非均衡数据的分类问题，指出非均衡数据的处理策略，并阐述重抽样技术，给出非均衡分类评价指标，讨论了常用的非均衡数据处理方法和它们各自的特点。

（4）讨论了分类算法的选择原则、标准和方法。目前许多应用广泛的分类算法无法满足大数据应用的需求，亟须拓展、优化已有的分类方法来满足大数据应用的需要。为了做好大学生心理健康风险预警模型中分类算法的遴选工作，讨论了分类算法的选择原则、标准和方法。

（5）构建了大学生心理健康风险预警模型。在已有研究的基础上，分析了几种具有代表性的基本预警模型的优缺点，比较了基本预警模型的组合方式，从中选择适合大学生心理健康风险预警模型的组合方式，将它们各自的优势结合起来实现总体效果最大化，采用加权投票法组合多个基本预警模型，提高预警模型的性能。

（6）提出了 Hadoop 下大学生心理健康风险预警模型。为了满足对大数据进行处理的需要，提高大数据分类的效率，给出了适合大数据处理的 Hadoop 下大学生心理健康风险加权投票式组合预警模型，并对该模型进行评估，证明其有效性。

（7）设计了基于个体特征的大学生心理危机干预策略。采用互联网+和大数据技术，将个体特征有机融入大学专业知识教学中，及时有效发现有心理危机的学生，对他们进行个性化干预，提高大学生心理危机干预的准确率

（8）提出了融入课程思政的大学生心理危机干预策略。将课程思政有机融入大学专业知识教学中，设置、优化和完善融入课程思政的

专业知识点，更新知识库，对有心理危机的学生进行个性化教学，用课程思政教育理念及时对这些学生进行心理危机干预，帮助他们健康成长，维护校园稳定。

（9）探索了虚拟大学生心理健康服务中心。为有效及时解决大学生心理健康问题，弥补当前高校大学生心理健康服务的不足，提出建立主动式个性化虚拟大学生心理健康服务中心，主动对大学生心理危机进行个性化干预，为大学生提供个性化心理健康服务。

（10）设计开发了原型系统。根据大学生心理健康工作的实际需求，提出了大学生心理健康风险预警与危机干预原型系统的设计原则，设计了该原型系统架构和功能模块。采用编程工具，设计并开发完成了大学生心理健康风险预警与危机干预原型系统，实现了学生数据管理模块、心理健康风险预警与危机干预模块、预警与危机干预结果处理模块和系统管理模块的集成。

1.5 本书结构

大学生心理健康风险预警与危机干预研究是提高学生心理素质、促进学生全面发展、高质量培养人才的重要途径，意义重大，本书共分10章，各章内容简介如下。

第1章导论。本章描述了大学生心理健康风险预警与危机干预的研究背景，简述了国内外研究现状，概述了大学生心理健康风险预警与危机干预系统，分析了当前研究中存在的问题与不足，介绍了本书研究的意义、内容及创新点，并介绍全书的组织结构。

第2章大数据技术基础。本章主要介绍本书研究中需要应用的大数据基础知识。首先，讨论了大数据的概念，并分析了其基本特征；其次，总结了大数据研究的发展历程，并分析了大数据与云计算的关系；最后，阐述了大数据处理的基本流程和大数据的主要分析平台，并综述了大数据处理关键技术。

第3章学生特征提取。本章主要论述了大数据环境下学生特征提取的策略。在研究常用特征提取方法、国内外文献的基础上，结合实际调研，介绍了时间轴视角下大学生特征提取及分析方法、校园卡系统中的大学生特征提取及作息规律判断和网络日志中的大学生特征提取及其偏好判断。

第4章学生特征选择。在学生特征提取的基础上论述特征选择方法。首先，介绍特征选择的相关概念，并归纳特征选择过程的基本步骤；其次，阐述特征选择算法的分类标准及其类别，分析和比较不同特征选择算法；再次，介绍非均衡数据的分类问题，指出非均衡数据的处理策略，并介绍重抽样技术，给出非均衡分类评价指标；最后，分析了常用的非均衡数据处理方法，并指出了它们各自的特点。

第5章分类算法选择。根据选择的学生特征和大学生心理健康风险预警与危机干预的需要，讨论了分类算法，为构建预警模型提出了选择预警方法的思路。首先，介绍分类的定义，阐述分类的流程；其次，阐述分类方法的比较指标和常用的分类方法；最后，概述集成学习算法。

第6章风险预警模型选择。根据学生特征选择和选择的预警方法，探讨大学生心理健康风险预警模型的构建方法。首先，阐述模型的评估与选择，分析基本预警模型的定义和类别；其次，阐述组合预警的基本思想和组合预警模型的拓扑结构，介绍组合预警的分类标准与方法；最后，分析和归纳投票式组合预警的思想、模型构建的步骤和投票式组合方式的选择原则。

第7章Hadoop下风险预警模型。根据学生特征选择、预警方法的选择和预警模型的构建方法，提出了基于Hadoop的大学生心理健康风险加权投票式组合预警模型。首先，给出了基于 Hadoop 平台预警方法的设计思想；其次，设计基于 Hadoop 的大学生心理健康风险加权投票式组合预警模型结构，并给出了该模型的工作流程，从而构建大学生心理健康风险预警模型；最后，对构建的预警模型进行评估。

第 8 章危机干预策略。为有效干预大学生学习心理危机，首先从内因和外因两个方面分析心理危机的成因；其次提出基于个体特征的大学生心理危机干预策略，介绍相似度计算方法和危机干预工作流程；再次提出融入课程思政的大学生心理危机干预策略；之后评估这两个心理危机干预策略，指出它们能有效解决大学生心理危机问题；最后探讨虚拟大学生心理健康服务中心，为有效弥补当前高校大学生心理健康服务的不足，及时解决大学生心理健康问题提供参考。

第 9 章原型系统。根据大学生心理健康风险预警模型和危机干预策略，设计原型系统架构、功能模块、数据资源库，给出数据资源库设计框图和原型系统数据流程，分别给出数据管理模块、风险预警模块、危机干预结果处理模块和系统管理模块的运行界面截图。

第 10 章研究结论与展望。对全书进行了回顾和总结，阐述了本书的贡献及创新之处，并提出未来的主要研究方向和重点。

2

大数据技术基础

计算机、网络通信、多媒体等技术在各行各业的广泛应用，推动了信息技术迅猛发展，数据呈指数级增长，数据种类繁多，大数据时代已经来临，大数据产业已经成为支撑经济社会发展的优势产业。近年来，大数据逐渐成为业界关注的热点，已经成为融入经济社会各领域的新理念、新资源和新动力。2015年国务院发布《促进大数据发展行动纲要》，大数据正式上升至国家战略层面，2019年党的十九届四中全会首次将数据纳入生产要素范畴；2021年发布的"十四五"规划中大数据标准体系的完善成为发展重点；2022年《中共中央 国务院关于构建数据基础制度更好发挥数据要素作用的意见》发布，系统搭建了数据基础制度体系的"四梁八柱"。传统的数据处理技术不能满足大数据的实时性、有效性需求，大数据采集、加工、存储、处理、传递、提取、共享、可视化等方面亟待技术变革和创新。本章主要综述、分析、归纳大数据处理的若干关键技术，为大学生心理健康风险预警与危机干预起技术支撑的作用。

2.1　大数据概述

1）大数据的概念及特征

从形式看，大数据是指大规模的数据，但海量的数据无法准确描述大数据内涵，其概念较为抽象，没有统一的标准定义。麦肯锡将大数据定义为：无法在一定时间内用传统数据库软件工具对其内容进行抓取、管理和处理的数据集合[①]。维基百科将大数据定义为：巨量数据、海量数据，它指的是所涉及的数据量规模巨大到无法通过人工在合理时间内达到截取、管理、处理并整理成为人类所能解

---

① 马世龙，乌尼日其其格，李小平. 大数据与深度学习综述 [J]. 智能系统学报，2016，11（6）：728-742.

读的信息①。当前，根据大数据的四个特征对其进行描述，即
"4V"②：（1）数据规模（Volumes）巨大；（2）数据种类（Variety）
繁多；（3）数据价值（Value）密度低；（4）数据处理速度（Veloc-ity）快。

2）大数据发展历程

信息技术的发展日新月异，数据规模以爆炸式增长，计算机、网络和多媒体等设备成本越来越低，应用越来越普及，大数据存储和处理的成本变得越来越经济。2012年5月联合国对外发布了《大数据促发展：挑战与机遇》白皮书，提出"大数据对人类而言是一个历史性的挑战和机遇"。为了推动大数据技术的发展，美国政府发布了《大数据研究和发展计划》，投入巨资研究大数据技术并推广应用，目的是利用大数据技术将感知、认知和预测支持相互结合，提高数据提取分析能力，增强情报的获取能力，提升对目标的洞察能力。在能源、国防、国家安全及未来发展战略等多个重要领域，投入约155个项目。这些项目主要有多尺度异常检测（ADAMS）、视频和图像的检索与分析工具（VIRAT）、加密数据的编程计算（PROCEED）、高性能存储系统（HPSS）、网络内部威胁（CINDER）等。在大数据与信息安全及数据可视化等方面，美国也进行了综合研究，建立了大数据中心，整合和分析各类大数据，为相关领域提供服务。

当前，我国大数据发展取得了显著进展，以我国《"十四五"大数据产业发展规划》为指引，推动我国自主大数据技术发展，激发数据要素潜能，积极促进大数据应用落地，形成我国大数据产业面向高端的供给能力，推动我国大数据产业高质量发展。我国高度重视大数

---

① 杨刚，杨凯. 大数据关键处理技术综述 [J]. 计算机与数字工程，2016，44（4）：694-699.
② 杜修振，吴乘龙，曾彪，等. 基于大数据的网络舆情监控系统 [J]. 信息技术与信息化，2020（2）：18-20.

据的战略意义和数据资源对社会经济发展的积极作用，在大数据领域的布局较早，在企业、高校、研究机构等各方的共同努力下，我国大数据基础设施建设已初步成形，数据的重要性和价值逐渐获得共识，数据治理、数据服务、数据安全受到广泛关注，各行各业也在积极探索新的应用场景，大数据技术和产品取得了长足的进步。

3）大数据与云计算

云计算是以网络技术和分布式计算技术为基础，以虚拟化技术为核心，按需分配的新一代网络化商业计算模式，具有资源共享、动态扩展和宽带接入等特点。云计算得益于开放的网络环境，为用户提供了强大的存储和计算能力，在业界逐步得到广泛的应用①。

云计算为大数据提供了强大的存储空间和访问渠道，而大数据是云计算的灵魂和升级方向②。云计算与大数据的不同主要是应用不同，但是它们关系密切，在整体上它们是相辅相成的，大数据在技术上植根于云计算。

4）大数据与人工智能

大数据为人工智能实现智能化提供数据支撑，大数据对人工智能的算法进行训练和优化，提高其准确性和精度；人工智能对大数据进行分析，通过模式识别，找出数据变化趋势，根据这些信息对风险进行预警。人工智能既能从大数据中学习和发现规律，又能提供高效、精准的大数据处理和分析工具。

大数据与人工智能的结合能够推动技术的创新和发展，为各行各业的创新和发展带来更多机会。例如，在教育领域，通过分析大量的学生数据，可以预警大学生心理健康风险，并进行危机干预。

---

① ZHAO Z, ZHU Z, WANG J, et al.Revocable attribute-based encryption with escrow-free in cloud storage [J]. Journal of Electronics & Information Technology, 2018, 40 (1): 1-10.

② 王兴宏. 大数据应用及新时期所面临的挑战研究 [J]. 青岛大学学报（自然科学版），2020, 33 (3): 22-27.

2.2 大数据处理基本流程

大数据的数据多样，来源广泛，类型复杂，计算机、传感器、云计算、物联网、移动互联网等都是数据源或大数据承载的方式。因此，大数据处理的方法较多，但大数据处理的基本流程是一致的，可概括为如下四个步骤：第一，大数据采集；第二，数据预处理；第三，数据分析及挖掘；第四，数据展示，如图2-1所示。

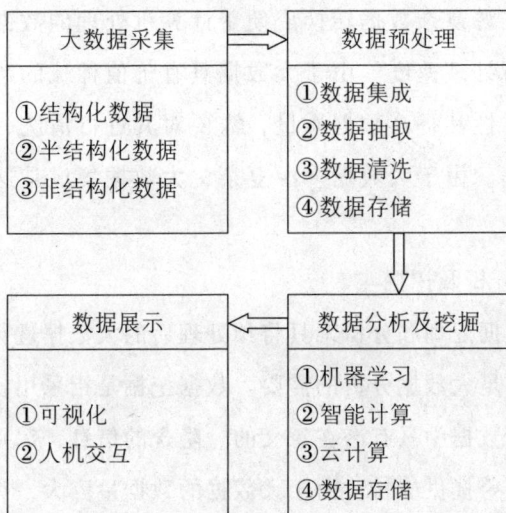

图 2-1 大数据处理基本流程

1）大数据采集

大数据采集是指从一个（或多个）数据源接收大规模数据，这些数据类型多样，结构复杂，其类型有结构化、半结构化和非结构化等。常用的大数据采集技术有条形码技术、感知技术、射频识别技术、二维码技术等。有些数据源在同一时刻可能有成千上万用户进行访问和操作，例如高校教务系统的集中选课，淘宝和京东等电商平台并发的访问量可能达到上千万。因此，高并发数问题是大数据采集的主要挑战。

2）数据预处理

数据预处理主要包含大数据集成、抽取、清洗和存储等。大数据集成是为便于对大数据进行集中处理，将从多个数据源采集的数据聚集到大型分布式数据库或分布式存储集群中。由于大数据种类多样，结构复杂，根据大数据处理的需要，还需在大数据集成基础上对数据进行抽取处理，利用关联规则、聚类等技术，将从多种数据源采集的多源复杂数据转换成便于计算机处理的数据结构，加快大数据的分析处理速度。由于大数据具有价值稀疏的特点，为了保证数据的可靠性和提高数据质量，需要对其进行清洗、去噪，提取有价值的数据。由于大数据多源复杂，大数据集成是这个阶段面临的主要挑战。

3）数据分析及挖掘

利用大数据处理和分析工具将预处理后的大数据进行分析和分类汇总等，以满足大数据分析的需要。数据挖掘是指采用各种大数据挖掘算法找出大数据中具有潜在意义的、隐含的信息，识别其规律，为管理决策和预警提供支持。由于大数据的数据量巨大，类型多样，结构复杂，含有结构化、半结构化和非结构化等数据类型，传统的数据处理、分析和挖掘技术已无法满足大数据的需要，因此数据分析与挖掘是整个数据处理流程中最为关键的步骤。

4）数据展示

数据展示是指将数据分析和挖掘得到的信息科学有效地呈现出来，让人们更好地理解和掌握数据、更好地发现数据的价值并更好地传达数据。不合理的数据展示有可能对用户产生困扰和误导，影响后续的判断、决策、预警及应用。简单的文本展示形式已不能满足大数据展示的需求，当前大数据展示更加注重数据可视化和人机交互。数据可视化是将大数据进行处理、分析和挖掘的结果以直观、智能化、图形化等形式呈现给用户，为用户提供优质服务。当前数据展示的架构有浏览器/服务器和客户机/服务器两种主要模式，为了快速帮助用户获得所需要的信息，人机交互必不可少，例如多种条件检索中的组合筛选、增删检索条件等。

2.3　大数据处理关键技术

本书采用的大数据处理关键技术主要有如下四类：第一，大数据存储技术；第二，大数据管理技术；第三，并行计算技术；第四，大数据挖掘技术。这些技术根植于云计算技术，云计算支撑了大数据存储、管理、处理、分析，是大数据基础平台。

1）大数据存储技术

根据实际情况，为了提供高扩展性、降低成本，本书采用的学生大数据存储方案是集合若干台廉价计算机来存储数据，以满足大数据环境下数据量的爆炸式增长需求。由于大数据存储系统采用大量廉价硬件，为了确保数据存储可靠，通常同一份数据有多份副本存储在不同节点上。大数据系统利用分布式存储架构数据访问的高吞吐量性能，为海量数据的读取提供保障。

当前，应用较为广泛的大数据文件存储技术有 GFS（Google File System）和 HDFS（Hadoop Distributed File System）。这两种存储技术均采用分布式存储方式存储数据，采用冗余存储模式来实现数据的可靠性。在实现方法上，这两种存储技术均采用主从控制模式，在主节点上存储元数据，主节点接收应用请求，依据请求类型负责应答，从节点的任务主要是存储数据。当用户提出访问数据请求时，主节点根据用户的访问请求进行应答，用户根据主节点返回的存储数据地址，从相应的从节点获取数据，解决了主节点处理数据的瓶颈问题。

2）大数据管理技术

传统的数据管理主要采用单表数据存储结构，大数据环境下这种数据管理模式无法满足大规模数据存储、数据读写的高并发性，复杂的数据分析和数据挖掘需求。因此，大数据的组织和管理是通过多维表形式面向列存储的分布式实时数据管理系统实现的。这种方式的特点是按行排序数据、按列存储数据，用一个列族来聚合存储字段相同的数据。其优点是数据的不同属性对应不同的列族，按照需求动态增加数据属性，这样就避免了传统的数据管理下的关联查询，降低了数据量的读取和数据装载，节省了输入/输出时间，大数据的处理效率得到提高。

当前，典型的大数据管理技术主要是 Bigtable 和 HBase，Big-table 利用 GFS 存储数据，HBase 利用 HDFS 存储数据。它们作为非关系型数据库系统，提供数据的结构化存储功能，实现一定的数据查询功能，这些数据库系统存放的数据为 MapReduce 等并行处理方式提供数据源，或将处理后的数据结果存储在这些数据库系统中。

3）并行计算技术

传统的并行计算技术无法满足大数据处理的要求，大数据环境下数据的计算量巨大且复杂，对系统的运算架构、计算性能、运算域存储单元的数据吞吐率等有极高的要求，通常采用 MapReduce 并行处理方式对大数据进行计算。

Google 提出的 MapReduce 是一种分布式处理技术，它对传统的数据查询及分析等进行分布式处理，不同的处理任务分配给不同的节点进行处理，并行处理能力很强，它也是云计算的核心计算模式。MapReduce的数据处理方式是"先分后合"，首先自动对处理的海量数据进行分割；其次通过Map（）函数将分割的数据映射成不同的区块，由计算机集群对这些区块进行并行分布式处理；最后通过Reduce（）函数将并行分布式处理的结果汇总，完成大数据的并行分布式处理。

MapReduce模式具有扩展性和可用性，其突出优势是对数据一致性要求不高，特别适用于非结构化、半结构化和结构化数据的混合处理，例如网络日志分析、教育大数据分析、商务智能分析、市场营销等大数据的处理。但是时延过大是MapReduce模式的短板，因此它更适用于以离线方式进行"批处理"计算的需求，不适用于要求比较高的实时计算任务，例如机器迭代学习、流处理等。为了解决实时计算问题，以MapReduce为基础，多种不同的并行计算架构相继出现，例如S4系统、Storm系统等实时流计算架构，这些适用于实时在线分析、在线机器学习等多个领域。此外，Google推出的"交互式"数据分析系统Dremel，将MapReduce处理PB级数据需要"分钟"级时间缩短到了"秒"级。

根据应用需求的不同，大数据计算框架主要有五个方面：第一，历史静态数据的批处理框架，例如MapReduce；第二，流式处理框架，例如Storm；第三，交互式计算框架，例如Spark；第四，混合架构，例如Lambda；第五，图处理框架，例如Pregel。

4）大数据挖掘技术

大数据环境下数据挖掘技术较为复杂，根据不同的应用需要采取不同的处理方式。例如，对于学生行为分析、网络流量统计、趋势分析等统计分析，可将这些数据存储在分布式存储系统中，通过MapReduce对这些数据进行并行处理；对于联机分析处理，先对数据库进行优化，例如采用行列混合存储、压缩、分片索引等技术，利用良好的并行处理性能实现数据分组和表间关联；对于实时要求比较高的应用，例如金融领域的应用等，可在特定数据库中进行处理或将热点数据驻留内存，增强快速处理能力。

当前，Hive 和 Mahout 代表了大数据环境下的数据挖掘技术。Hive 是建立在 Hadoop 上的 PB 级数据仓库基础构架，对结构化数据进行管理和查询，并实现大数据的挖掘。Hive 定义了 HQL 查询语言，可将用户编写的 SQL 程序转换为相应的 MapReduce 任务来运行。HQL 是一个类似于 SQL 的查询语言，对于习惯使用 SQL 的用户来说，非常方便地实现并行计算。Mahout 提供了许多可扩展的机器学习领域经典算法，是集成了许多机器学习与数据挖掘算法的算法库，例如集群、分类、聚类、推荐过滤等。Mahout 与 Hadoop 相结合，能够实现分布式数据分析与挖掘处理。

2.4 大数据的主要分析平台

2.4.1 Hadoop

1）Hadoop 简介

Hadoop 分布式系统基础架构体现在用户不需要了解分布式底层细节情况下，可以开发分布式程序，充分利用计算机集群的优势，实现高速运算和分布式存储[1]。Hadoop 分布式系统具有可靠性高、扩展性好、高效性、容错性强、成本低等优点，并实现了 HDFS。HDFS 主要是用于低廉的硬件设备上，具有成本低、容错性高的特点，易于

---

① 孙晨霞，施羽暇．近年来大数据技术前沿与热点研究——基于 2015—2021 年 VOSviewer 相关文献的高频术语可视化分析 [J]．中国科技术语，2023，25（1）：88-96.

推广，它为应用程序提供高吞吐量来访问数据，适合那些需要访问大规模数据的应用程序。HDFS 和 MapReduce 是 Hadoop 框架的核心。HDFS 实现了大数据的存储，MapReduce 则满足了大数据分布式并行计算的需求。

Hadoop 是以主从构架模式进行分布式存储和分布式计算，在主节点上运行 NameNode、Secondary NameNode、JobTracker，在从节点上运行 DataNode 和 TaskTracker，通过这些后台程序的管理，Hadoop 可以在成千上万台计算机上运行，能够充分利用计算机集群节点强大的存储资源和计算能力。Hadoop 着重于分布式移动计算，HDFS 先将数据分成许多数据块，然后将这些数据块存储在计算机集群中不同的节点上。在对这些数据进行计算之前，首先 NameNode 找出应用程序需要访问的存储数据节点，并将结果返回 JobTracker；其次 Job-Tracker 将 MapReduce 需要计算的任务分配给已找出节点上的 Task-Tracker；再次 TaskTracker 启动 Map 程序进行计算；最后经过 Combiner、Shuffle 等处理过程，在 Reduce 阶段完成计算任务。

2）Hadoop 的构成

Hadoop 是一种分布式主从数据处理体系架构，其构成元素有很多，包括 HDFS、MapReduce、HBase、Hive 等，它的核心部分是 HDFS 和 MapReduce。下面分别介绍 HDFS、MapReduce 和 HBase。

（1）HDFS

采用分布式计算时，HDFS 是大数据存储管理的基础，是 Hadoop 的核心构成元素，能够运行在廉价的硬件设备上，适用于超大文件的处理和流数据模式访问。它具有容错性强、可靠性高、扩展性好、吞吐率高等优点，能满足大数据存储的需求。HDFS 默认最基础的数据存储单位是 64M 的数据块。HDFS 有两种类型节点，分别是 NameNode（又称为"元数据节点"）和 DataNode（又称为"数据节点")。NameNode 承担主节点上的具体任务，DataNode 承担从节点上的具体任务。NameNode 承担中心服务器的职责，负责对文件系统的 namespace 和客户端访问文件进行管理。在计算机集群中，一般每个节点有一个 DataNode，负责管理节点上附带的存储。

（2）MapReduce

MapReduce 是用于大数据并行运算的一种编程模型，它是非关系数据管理和计算技术的典型代表，其技术框架主要由三个层面的内容组成：第一，分布式文件系统；第二，并行编程模型；第三，并行执行引擎。MapReduce 的计算过程分为 Map 和 Reduce 两个主要阶段。在系统层面上，MapReduce 解决了可扩展性和容错性等问题，对用户编写的 Map（）函数和 Reduce（）函数进行处理，在可伸缩的计算机集群上，能够自动地并行执行，从而实现对大数据的处理。

（3）HBase

HBase 是一个分布式、面向列和可伸缩的开源数据存储系统，具有可靠性高、性能高等优点，适合于非结构化数据存储，在 Hadoop 上 HBase 提供了与 Bigtable 相似的功能。

2.4.2　Spark

1）Spark 简介

与 Hadoop 相似，Spark 是一种开源的计算机集群运算环境，用来构建需要延迟低的大数据分析应用系统。在某些工作负载方面，Spark 比 Hadoop 表现得更加优越。Spark 具有内存分布数据集的功能，不但可以进行交互式查询，而且还能够优化迭代工作负载。Spark 是基于 Scala 语言基础开发的，其应用程序框架用 Scala 实现，能够和 Scala 紧密集成。与操作本地数据集一样，Scala 可以轻松地操作分布式数据集。虽然 Spark 是为了支持分布式数据集上的迭代计算而创建

的，但实际上 Spark 是对 Hadoop 功能的补充，通过第三方集群框架
Mesos 的支持，Spark 能够并行运行在 Hadoop 系统中。

　　2）Spark 集群计算架构

　　Spark 提供的集群计算框架与 Hadoop 不同。Spark 设计的目的是
优化集群计算中特殊类型的工作负载，即优化和减轻在并行操作之间
重用工作数据集的那些工作负载，Spark 引入了内存集群计算概念，
将需要重用的数据集存放在内存中缩短访问延迟，优化和减轻工作负
载。Spark 还应用了弹性分布式数据集（RDD）的抽象，RDD 是弹性
地分布在一组节点中的分布式只读对象的数据集合。若在数据集中有
部分数据丢失，则依据容错机制可对这些数据集进行重建。RDD 是
可以从文件中创建的 Scala 对象。应用程序在 Spark 中称作驱动程序，
这些驱动程序既可以在某个节点上执行操作，又可以在一组节点上并
行执行操作。Spark 既支持单节点集群，又支持多节点集群，这与
Hadoop 类似。依赖于 Mesos 集群管理器，Spark 能够完成多节点操作。

2.5　教育大数据平台

　　随着信息技术的飞速发展，以及智慧校园建设的推进，校园网中
各种教学数据、管理数据、业务数据等以指数级速度增长，教育大数
据应运而生。利用这些数据可为高等教育的发展和教育质量的提高提
供客观依据和合理的信息资源，教育大数据为本书研究的大学生心理
健康风险预警与危机干预提供数据支撑。

2.5.1　教育大数据的含义及特点

　　人们的思维、生活和工作在大数据环境下发生巨大改变，教育领

域也不例外，教育大数据逐步成为推动教育领域改革、实现创新的颠覆性力量①。有学者探讨了教育变革的发展趋势、大数据背景下教育教学模式的创新、学习者学习方式的变革和教育教学研究的新范式等②。还有学者对教育领域有广泛应用价值的大数据技术进行了探究，如教育大数据挖掘、学习分析技术等③。

1）教育大数据的含义

教育大数据有狭义和广义两种含义：第一，教育大数据的狭义含义，指学生的学习行为数据，数据主要来源于在线学习平台、学生管理信息系统和课程管理平台等；第二，教育大数据的广义含义，指来源于教育教学活动中人们所有的行为数据④。

2）教育大数据的构成

高等教育领域在线学习系统的广泛应用，有力地推动了高等教育大数据的发展，大数据教育应用的第一个案例来自在线学习系统⑤。在教与学的过程中，随着在线教学系统的广泛应用，学习管理系统和各类学习设备记录下来的各种大规模学习数据，成为分析教与学过程的重要数据来源。这些大数据包括学生学习过程的行为数据、评价学生学习结果的数据，以及学习过程中形成的各种社会网络关系数据等。将这些数据进行拓展，教育大数据还包含学生个人数据、教学管理各类数据、学生医疗数据等。因此，教育教学的主体和过程是教育大数据的来源。

根据主体的不同层级和教育活动的各项内容，教育大数据分为四

---

① 李馨. 高等教育大数据分析：机遇与挑战 [J]. 开放教育研究，2016，22（4）：50-56.
② 梅鹏江. 混合式教学下学生学业水平预测模型的研究 [D]. 南京：南京信息工程大学，2022.
③ 孙曙辉，刘邦奇，李鑫. 面向智慧课堂的数据挖掘与学习分析框架及应用 [J]. 中国电化教育，2018（2）：59-66.
④ 吴伟，邱发生. 大数据时代背景下驱动式教育变革与创新——评《大数据驱动下的教育变革与创新》[J]. 中国高校科技，2023（9）：101.
⑤ 高书国. 教育强国视域下中国教育的变革之道——从工业教育时代步入智能教育时代的系统跃升 [J]. 中国教育学刊，2024（1）：6-12.

个层次（即个体、学校、区域和国家）和六大类型（即基础数据、管理数据、教学数据、科研数据、服务数据和舆情数据）①。基础数据指的是学生基本数据；教学数据指的是教学活动过程中涉及的有关过程、内容和结果的数据；科研数据指的是各种教育教学实验和科研课题的数据；管理数据指的是各种教育管理信息系统产生的数据，例如学籍数据、档案数据和各种统计数据等；服务数据指的是各种教育教学相关的服务系统产生的数据，例如师生生活后勤服务、图书档案资料服务、医院医疗服务等的数据；舆情数据指的是教育相关的各种公开媒体产生的数据，例如各类教育教学新闻、微博等相关教育数据。

3）高等教育大数据的特征

高等教育大数据的特征与一般大数据的"4V"特征有重合但又有不同，可从以下四个方面进行分析②：第一，规模。教育大数据的规模虽然尚未达到电信和零售等领域的数据规模，但传统数据处理工具已无法处理教育大数据。第二，流动速度。交易数据、通信数据和搜索数据流动速度快，而教育大数据流动速度相对较慢。而且，教育教学具有典型的周期性，由此教育大数据相应地也有强周期性。第三，数据构成。非结构化数据在教育大数据中占很大比重，尤其是来源于课堂录像、教学资源等的音视频数据。第四，复杂性。电商等领域中交易活动步骤清晰、结果明确、周期相对较短，教育教学活动的过程具有更高的复杂性。分析和找出教育大数据规律显得更为困难。因此，高等教育大数据具有数据规模大、周期性强、复杂性高和价值巨大等特征。

综上所述，高等教育大数据可定义为：规模大、周期性强和价值

---

① 孙洪涛，郑勤华. 教育大数据的核心技术、应用现状与发展趋势 [J]. 远程教育杂志，2016，34（5）：41-49.
② 孙洪涛，郑勤华. 教育大数据的核心技术、应用现状与发展趋势 [J]. 远程教育杂志，2016，34（5）：41-49.

巨大的高复杂性数据的集合，服务于教育主体和教育过程。

2.5.2 教育大数据平台的构建

1）需求分析

教育大数据平台构建的目的是对教育大数据进行集成、存储、运算、分析和挖掘，为大数据环境下教育应用系统的开发和运行提供基础支撑[①]。该平台需求分为用户需求和功能需求。

（1）用户需求

高校教育大数据的用户类型主要有如下四类：学生、教师、教育研究者、教育管理者。利用该平台，不同用户能够获取所需要的数据。例如，教师利用该平台提供的数据，分析学生的学习行为和学生的兴趣爱好，为他们提供个性化教学；学生利用该平台的数据，找到自己想学习的课程，自主学习；教育管理者利用该平台的数据预警大学生心理健康风险，进行大学生心理危机干预，为学生提供帮助，提高人才培养质量；研究者利用该平台的数据，进行教育科学研究。

（2）功能需求

第一，教育大数据采集。应具备各类数据源适配接口，支持结构化与非结构化的教育教学资源、实时教与学的行为数据流等各类数据源和异构数据的汇集。

第二，教育大数据存储。应提供可扩展性高、容错性强、吞吐量大、成本低的分布式存储方案来满足教育大数据的存储需求，提供高效的数据管理与快速数据查询功能。

第三，教育大数据计算。应提供并行计算教育大数据的解决方案，满足不同任务的计算需求，例如批处理、实时计算、图式计算等。

---

① 李振，周东岱，刘娜，等. 教育大数据的平台构建与关键实现技术 [J]. 现代教育技术，2018（1）：100-106.

　　第四，分析和挖掘。应提供教育大数据的分析和挖掘技术来满足教育领域应用的需求。

　　2）服务模型

　　在教育领域中，教育大数据蕴藏着巨大财富，能为教师、学生、教育管理者和教育研究者服务。教育大数据服务模型具有开放性，一般有以下特点：第一，可用性和可访问性；第二，可重用性和可扩展性；第三，用户的广泛参与性；第四，互操作性以及用户与数据之间的交互作用[①]。根据教育大数据的特点和高校用户（例如，教师、学生、教育管理者和研究者）的需求，本书提出了一个以高校教育大数据为数据源的服务模型，如图2-2所示。该模型包含三个主要部分：数据源、服务平台和用户需求。

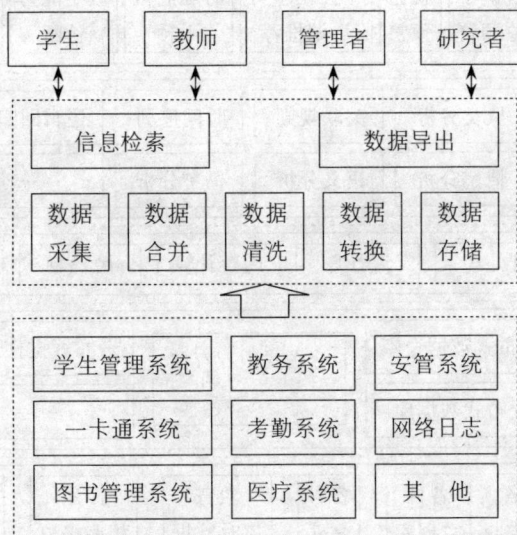

图2-2　教育大数据的服务模式

　　教育大数据服务平台具有开放性，是服务模型的核心，其功能具有如下两个：第一，数据抽取与管理，具体有数据采集、清洗、合

---

　　① 李香勇，王艳. 我国学习分析的十年发展现状及未来路向［J］. 桂林航天工业学院学报，2023，28（4）：644-658.

并、转换和存储五个过程。第二，数据抽取服务，例如提供数据导出、检索功能等。该平台集成了高校教育数据，使多源异构的高校教育大数据能够可控、有效、便捷共享。利用该平台，为高校大数据的利用和研究提供参考，例如学生个性化学习、大学生心理健康风险预警与危机干预等。

3）架构设计

利用教育大数据实现大学生心理健康风险预警与危机干预是高等教育发展过程中亟待解决的重要问题。教育大数据平台涉及教育大数据采集、存储、运算、分析和挖掘的各个环节，并涵盖教育应用系统的整个生命周期，其架构如图2-3所示。

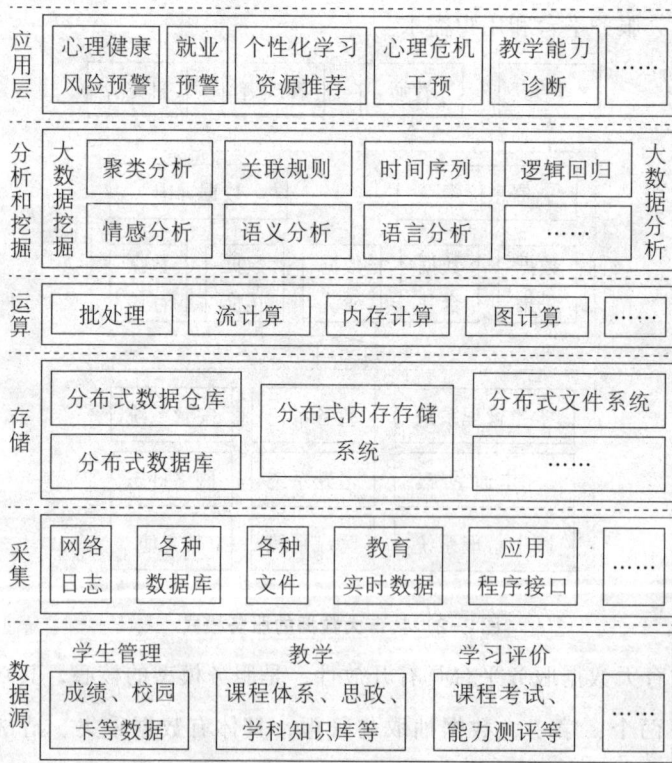

应用层	心理健康风险预警	就业预警	个性化学习资源推荐	心理危机干预	教学能力诊断	......
分析和挖掘	大数据挖掘：聚类分析、情感分析	关联规则、语义分析	时间序列、语言分析	逻辑回归、......		大数据分析
运算	批处理	流计算	内存计算	图计算	......	
存储	分布式数据仓库、分布式数据库	分布式内存存储系统	分布式文件系统、......			
采集	网络日志	各种数据库	各种文件	教育实时数据	应用程序接口	......
数据源	学生管理：成绩、校园卡等数据	教学：课程体系、思政、学科知识库等	学习评价：课程考试、能力测评等	......		

图2-3　教育大数据平台架构

（1）数据源

教育大数据一般可分为四类：第一，学生数据，包括学生管理、学生行为、学习评价等。学生管理包括学生成绩、上网情况、一卡通等数据；学生行为包括学生查询各系统数据和加工、发布及交流等数据；学习评价包括课程考试情况、能力测评情况等。第二，教师数据，包括教师专业和学历等基本信息数据、教师课程讲授过程中教学要件的数据等。第三，综合管理数据，包括各专业的基本信息数据等。第四，第三方数据，包括网络教学、网络资源数据等。

这些数据来源于学生管理系统数据、教务系统数据、一卡通数据、网络数据、学习系统数据、课堂管理数据、医疗数据、学生基本数据等多种复杂渠道，其中学生基本数据涵盖学生各阶段档案、家庭成员及家庭条件等情况、学习态度及风格、生活习惯、社会情感、人际关系等。学生、教师、管理者和研究者通过各种活动产生数据，例如学习行为数据等。

（2）采集层

用于大学生心理健康风险预警与危机干预的教育大数据具有数量大、结构复杂、时效性强、稀疏且有价值等特征，数据采集需要满足全面性、时效性、自然性及连续性等要求，数据分析和处理也更加复杂和多样。因而应建立大数据集成平台，集成并完成数据预处理。主要有两种数据采集方式：第一，实时数据采集，主要采用智能信息技术等方式及时捕获、传送各种数据；第二，批量数据采集，主要通过批量拷贝和导入已收集的学生数据文件、有关数据库记录和网络数据等采集数据。

（3）存储层

采用分布式存储技术存储教育大数据，存储方式主要有分布式文件系统、分布式数据仓库、分布式数据库和分布式内存存储系统等。

根据系统特点，分布式数据仓库用作主存储和管理，完成复杂的学生数据分析、心理健康风险预警与危机干预任务。

（4）运算层

运算层是为教育大数据分析和挖掘提供高效的计算功能，满足大学生心理健康风险预警与危机干预的运算要求。该层主要有批处理、流计算、内存计算、图计算等引擎[①]。批处理的作用是并行计算大量的历史数据；流计算的作用是满足流式实时数据的计算；内存计算是利用内存空间对数据进行计算，提高数据计算速度；图计算的作用是计算大量的图数据。

（5）分析和挖掘层

根据采集后存储的数据，利用运算层提供的高效计算功能，为风险预警和危机干预提供大数据分析和挖掘。大数据挖掘的重点是构建新算法和新模型，大数据分析的重点是利用大数据技术解决教育领域发现的问题。虽然上述两个方面应用的侧重点有差异，但分析和挖掘技术类似，主要有聚类分析、关联规则、时间序列、逻辑回归、语言分析、情感分析、语义分析等大数据分析和挖掘算法。以这些技术为基础，结合教育领域特征，构建新方法来解决教育领域的问题。

（6）应用层

将移动网络、大数据技术、3D建模技术、虚拟现实技术、分析和挖掘技术等应用到虚拟心理服务中心，构建主动式个性化虚拟心理服务中心工作室[②]，实现大学生心理健康风险预警、心理服务中心工作过程监控、个人档案管理、心理危机干预等，以服务大学生心理健康为中心，培养合格的大学生。

---

① 杨丰玉，聂伟，郑巍，等. 基于大数据的学习预警研究综述 [J]. 现代计算机，2021（4）：8-17.
② YAO H X，NIE M，SU H，et al.Predicting academic performance via semi-supervised learning with constructed campus social network [C] //International Conference on Database Systems for Advanced Applications.Switzerland：Springer Cham，2017，597-609.

高等教育大数据在分析和挖掘的基础上，主要有以下两个应用：第一，学生教育方面。实现学生数字画像，分析学生的学习风格类型，测量学生已有的知识水平，诊断学生的学习能力，发现学生的学习行为模式和学习规律，进行学生心理健康风险预警与危机干预等。第二，教师教学方面。诊断教师的教学行为，有助于教师调整教学模式和教学计划等。分析教学资源，构建具有内在逻辑关系的学科知识体系。同时，可以监测和预警区域教育的发展状况。

4）关键技术

（1）存储与计算技术

教育大数据具有多源异构等特点，其类型多样、结构复杂、体量巨大，与传统结构明确、类型简单、规模较小的数据有本质的区别[1]。教育大数据的存储与计算技术已不能直接采用传统的方法，存储方式需要从传统的集中模式向满足教育大数据存储需求的分布式方向发展，计算模式需要从传统的单机多线程计算模式向满足教育大数据计算需求的集群并行计算模式演进，体系结构从传统的计算与存储相分离的模式向满足教育大数据需求的一体化融合的模式发展。当前用于教育大数据的主要存储与计算技术，见表2-1。

表2-1　　　　　　　　教育大数据存储与计算技术分类

分类	技术	适用对象	典型代表
并行计算	批处理	批量计算大规模数据集	MapReduce、Pig
	流处理	需实时返回处理结果的场景	Storm、S4、Spark Steaming
	内存计算	适用于高速运算的任务	Spark、Dremel、Hana
	图计算	适用于学科知识图谱等复杂的图结构	Pergel、Giraph、GraphX

---

① 孟祥飞，冯景华，赵洋，等. 应用驱动的大数据融合平台建设 [J]. 大数据，2017，3（2）：67-77.

续表

分类	技术	适用对象	典型代表
分布式存储	文件系统	存储大量的非结构化数据	HDFS、GlusterFS、Swift、Ceph
	数据仓库	适用于结构化数据存储，支持查询分析	HBase、Hive
	缓存系统	适用于频繁访问内存数据并需快速响应的应用	Tachyon、Kafka、Memcache

（2）分析与挖掘技术

综合运用统计分析、机器学习、数据分析与挖掘、模式识别等技术处理和分析教育大数据，构建分析模型和预警模型，挖掘出有价值的信息，推动教学资源和教学过程的优化，促进教育变革，提高人才培养质量。当前教育大数据常用的分析与挖掘技术见表2-2[①]。

表2-2　　　　　　　　教育大数据分析与挖掘技术分类

类别	常用的算法	应用案例
分类	决策树　朴素贝叶斯　人工神经网络	对学生进行分类，根据其特征推荐课程内容；按照学生的学习记录，采用朴素贝叶斯判断其学习风格；采用人工神经网络向不同特征的学生提供相应的学习资源
聚类	KNN　K-means　DBSCAN	聚类知识点相近的试题；发现有相同学习规律的学生
回归分析	逻辑回归　线性回归	采用二元逻辑回归预测学生能否完成学习任务；采用线性回归预测学生情绪
关联规则	关联规则挖掘　序列模式挖掘　因果关系挖掘	找出学生的选课模式；找出优秀学生的学习模式；反映知识点关联的概念图的构建

① LUIS, GUTIÉRREZ, FLORES, et al.Using the Belbin method and models for predicting the academic performance of engineering students [J]. Computer Applications in Engineering Education, 2019, 27 (2): 75-80.

续表

类别	常用的算法	应用案例
社交网络分析	社区发现算法 PageRank算法 中心性度量算法	量化分析学生之间的社会互动和关系网络；对学生在认知过程中形成的网络结构进行分析
个性化推荐	协同过滤推荐 基于内容的推荐 混合推荐算法	根据历史数据判断学生特征，并向其推荐课程；根据学生偏好，采用遗传算法向学生推荐学习资源
自适应测评	贝叶斯知识追踪 Logistic 模型 认知诊断模型	根据学生的答题数据，评估学生的知识或技能，并融入先验知识和学习效率
教学过程挖掘	一致性检查 过程模式发现	反映教学实际行为的教学过程的模型构建
语义分析	文本分类 概念提取 语义感知 文档摘要 自然语言处理	在传统课堂中，分析师生的互动谈话；分析在线学习的文本话语，找出提问与成绩之间的关系
多模态分析	手势识别 表情识别 情绪建模 学生特征抽取	采用眼动仪、脑电图等技术，采集学生的目光、表情、语音、手势、脑电波等多模态数据，分析学生的经历和学习环境

3

学生特征提取

若大数据维度过高、冗余特征过多，分析和挖掘这些数据获得的知识就会存在冗余或无用的情况，甚至带来过拟合和"维数灾难"等问题[1][2]，此时就有必要对大数据进行降维，去掉冗余和无关的特征，优化特征集合。大数据降维技术主要有特征提取和特征选择。为了有效对大学生心理健康风险进行预警和危机干预，本章分析了常用特征提取方法，提出了基于时间轴的大学生心理健康特征分析方法和大学生作息规律判断方法，探讨了基于网络日志的大学生偏好判断方法，为后续的特征选择做好特征提取工作。

3.1 常用特征提取方法

常用特征提取方法包括线性特征提取和非线性特征提取两种方法。

3.1.1 线性特征提取方法

线性特征提取方法主要有主成分分析法和线性判别分析法。

1）主成分分析法

该方法通过计算不同变量之间的协方差矩阵，删除多余的变量信息，得到尽可能少的不相关变量，这些变量尽可能地保持有效的信息来反映原始问题。因此，主成分分析法能够有效地获得数据最关键的元素和结构，删除噪声和冗余，充分显露原始复杂数据的显著特征。

2）线性判别分析法

该方法通过映射高维特征向量到最佳的矢量鉴别空间，以便抽取分类信息和压缩特征空间。在矢量鉴别空间中，线性判别分析法应确保特征向量类内间距最小和类间间距最大，在该空间中原始数据的可

---

① 荣盘祥，曾凡永，黄金杰. 数据挖掘中特征选择算法研究 [J]. 哈尔滨理工大学学报，2016，21（1）：106–109.
② 王磊. 基于云计算技术的数据挖掘研究 [J]. 科技与创新，2023（20）：117–119.

分离性能达到最佳效果。线性判别分析法引入了类标签，比主成分分析法更适用于分类算法。

3.1.2 非线性特征提取方法

该方法包括核主成分分析等，核主成分分析法是对主成分分析法进行了非线性扩展，可有效地提取非线性数据的特征，提高模型预警效果。在主成分分析法基础上核主成分分析法进行了两个改进：第一，引入非线性映射函数（核函数），该函数映射原始空间中数据到高维空间中，能够更好地对非线性数据进行处理；第二，采用基本假设，设定空间中的所有样本能够线性地表示该空间中任意向量。

3.2 特征提取流程

设数据源集合为 D= $\{d_i|0<i\leq n\}$，d_i 为第 i 个数据源，n 为数据源的个数；设特征集为 $C=SC_1 \cup SC_2 \cup \cdots \cup SC_n$，$SC_i$ 为 d_i 对应的特征子集，其中 $0<i\leq n$；设特征提取函数集为 Extract= $\{Ext_j|0<j\leq m\}$，m 为特征提取函数个数，则：C=Extract（D）。特征提取流程如图 3-1 所示。

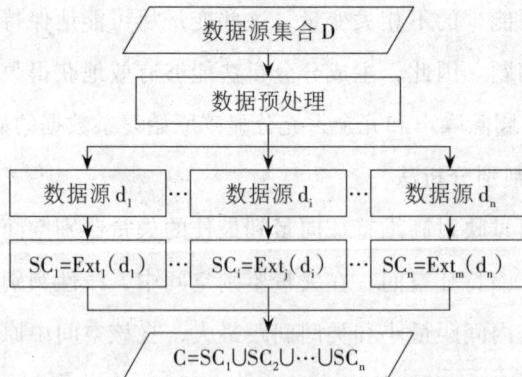

图 3-1 特征提取流程

根据图 3-1 特征提取步骤如下：

（1）采集 n 个数据源 D= {d_i|0<i≤n} 数据。

（2）对采集的各数据源数据进行预处理。

（3）采用特征提取函数 Extract= {Ext_j|0<j≤m} 提取预处理后的数据特征 SC_i，生成各数据源的特征子集。

（4）组合各特征子集 C=SC_1∪SC_2∪…∪SC_n，形成提取的特征集。

3.3 时间轴视角下大学生特征提取

以时间轴为主线，以入学档案信息为基点，从新生入学开始，提取大学生基本特征，分析这些特征数据变化的原因，找出有心理健康风险的学生，并进行干预和引导。

3.3.1 关键问题解决方案

1）基本特征的确定

学生基本特征是指学生独有的基本象征和标志，根据其内容分为三大类：学生基础特征、身心健康和社会关系。学生基础特征指姓名、性别、年龄、身高、家庭情况等；身心健康指良好、一般、较差、有重大疾病等；社会关系指同学关系、师生关系以及与社会人员的关系等，具体见表3-1。

表3-1　　　　　　　　根据基本特征的内容分类

类别	内容
学生基础特征	姓名、性别、年龄、身高、家庭情况等
身心健康	良好、一般、较差、有重大疾病等
社会关系	同学关系、师生关系、与社会人员的关系等

根据特征的变化程度，学生基本特征又分为静态特征、相对静态特征和动态特征；静态特征主要有姓名、性别、年龄、身高、家庭情况等；相对静态特征主要有家庭、身心健康、住址等；动态特征分为

有规律变化和相对随机变化两类特征，具体见表3-2。

表3-2　　　　　　　　　根据基本特征的变化分类

类别		内容
静态特征		姓名、性别、年龄、身高、家庭情况等
相对静态特征		家庭、身心健康、住址等
动态特征	有规律变化	年龄等
	相对随机变化	社会关系、成绩等

2）时间轴

以时间为主线，以时间的周期为刻度，记录学生各个时期基本特征对应的特征值[①]。身心健康特征主要由医疗系统提供，个人基础特征一般由学生管理系统提供，其余的主要由有关人员日常采集。以时间为主线的大学生基本特征值的变化分析，可以对比各个时间刻度的特征值变化，找出其异同点，有利于及时发现心理健康风险，管理者能够及时主动干预有心理健康风险的学生。

3）基本特征值变化的分析方法

学生从新生入校到毕业离校，可分为新生入学、学习和毕业三个阶段。各阶段分析的特征值不同，新生入学阶段，重点对比新生入学前档案数据与本人实际数据，核查学生档案数据的真实性并了解学生存在的问题。对于虚假数据要坚决纠正，对于身心不健康的学生，要采取措施予以治疗。学习阶段重点分析身心健康变化、学习成绩变化[②]、家庭变化，并分析上述变化之间的关系。若学习成绩波动大，则要分析是否有替考现象、是否专心学习、是否身心健康出现问题、是否家庭出现问题等。毕业阶段重点分析姓名、身份证号、相片、住址、手机号码、社会关系等的变化，毕业阶段学生主要撰写论文，部

---

① 余小高，余小鹏. 基于时间轴的高校学生基本特征值分析 [J]. 教育观察，2017，6（13）：12-14.
② 金玉. 基于学习大数据的学生学习成绩预测关键技术研究 [D]. 南京：东南大学，2022.

分学生备考研究生和公务员，部分学生开始实习或找工作。毕业阶段许多学生不在学校，以实习、就业为主，个别学生外出任意换名字变身份，甚至借用别人的身份证从事一些非法活动；有的学生经常变换地址和电话号码，这些变化存在风险[①]，应查明原因，防患于未然。

4）提高数据处理效率

大学生基本特征涉及面广，数据量大。为了提高数据处理的实时性和准确性，采用分布式树形结构存储，并行处理。学校为树根，院系为二级节点，专业为三级节点，班级为四级节点，学生为树叶，每个学生建立一张二维表，存放其不同时间刻度的特征数据。各院系的学生管理人员对本单位学生最了解，能根据学生基本特征值变化及时发现学生存在的问题，进行有效干预。

5）体系架构

时间轴视角下大学生心理健康特征提取及分析的体系架构如图3-2所示。该架构分为四层：数据源层、特征提取层、特征值分析层和结果呈现层。

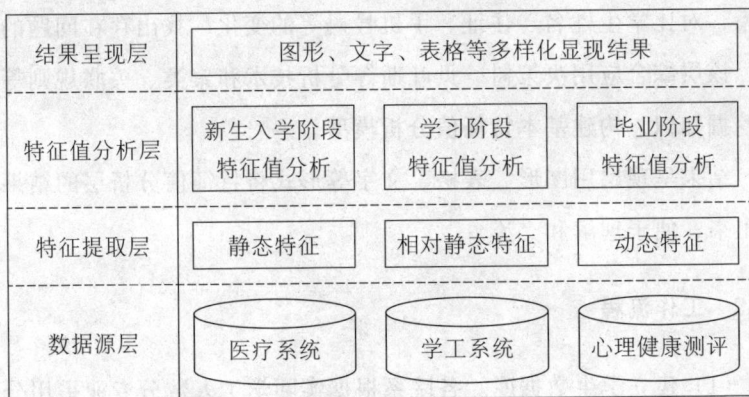

结果呈现层	图形、文字、表格等多样化显现结果		
特征值分析层	新生入学阶段特征值分析	学习阶段特征值分析	毕业阶段特征值分析
特征提取层	静态特征	相对静态特征	动态特征
数据源层	医疗系统	学工系统	心理健康测评

图3-2 体系架构

① 刘爱楼，欧贤才. 基于个体中心视角的大学生自杀风险特征 [J]. 当代青年研究，2017, 346 (1)：96-102.

数据源层包括校医院医疗系统、学工系统、心理健康测评数据等。校医院医疗系统有学生就诊记录、病情等数据；学工系统有学生个人数据等；心理健康测评采用一系列方式采集大学生的心理特征并衡量其心理因素水平和心理差异。

特征提取层主要是从以下数据源提取学生的基本特征：（1）从校医院医疗系统和心理健康测评数据中提取身心健康特征。（2）从学工系统中提取学生姓名、身份证号、年龄、身高、相片、签字的扫描件、家庭基本情况等身份特征。（3）从辅导员等学生管理人员的日常检查数据中提取个人综合特征。

根据提取的基本特征，特征值分析层有针对性地分析不同阶段的学生：（1）新生入学阶段，重点核查学生档案数据的真实性、完整性。当前计算机无法全自动识别学生档案，许多数据需要人工来确定其真实性，每一位学生管理人员应尽心尽责，不能有私心。（2）学习阶段，主要对学生身心健康变化、学习成绩变化、家庭变化进行分析来发现有心理健康风险的学生。（3）毕业阶段，重点分析学生的社会关系，对比学生姓名、住址、手机号码等的变化，找出存在问题的学生。该层综合应用决策树、贝叶斯等分析技术和聚类、关联规则等数据挖掘知识，构建基本特征值分析模型。

结果呈现层用图形、表格、文字等形式将特征值分析层的结果呈现出来，便于理解和交流。

3.3.2　工作流程

（1）建立学生数据库。各院系根据实际学生人数分专业采用分布式存储建立数据库，存入相应的计算机或虚拟机中，提高工作效率。

（2）确定学生基本特征。根据学生基本数据提取学生基本特征，并在数据库中建立不同学生的特征表，每个学生某一时间刻度的基本特征值序列为一条记录。

（3）抽取特征值。从校医院医疗系统、学工系统及学生心理健康测评数据中抽取不同学生的特征值，依据时间刻度存入对应学生的特征表中。

（4）新生阶段。对比学生入学档案中基本特征数据和学生实际数据，确保每个学生档案数据准确、可靠。

（5）学习阶段。重点对比学生不同时间刻度的特征值，分析特征值变化的原因，找出有心理健康风险的学生。

（6）毕业阶段。采用多种形式调查和分析学生的姓名、身份证号、相片、住址、手机号码等基本特征值的变化，以防学生使用假身份信息在校外从事非法活动。

（7）学生类别及群体分析。采用决策树、贝叶斯等技术对学生分类，分析学生类型在不同时间刻度的变化；采用聚类等方法[1]在某个时间刻度对不同班级、不同专业的学生分类，对比不同时间刻度的类别变化，得出整体的变化。

（8）结果呈现。将处理的结果以文字、表格、图形等形式呈现。

3.4　校园卡系统中的大学生特征提取

随着智慧校园建设的推进，校园一卡通系统已经成为学生在校内的"身份证"，应用到校医院治疗、食堂就餐、开水领用、实验室上机、图书馆门禁及图书借阅、宿舍门禁、校园网账户管理、校园超市及校内各处零售机等。由于大学生上课的教室不是固定的，存在个别学生找人替代上课和考试的现象。有些学生即使按时上课，但生活没

---

① 余小高，余小鹏. 基于距离和密度的无监督聚类算法的研究 [J]. 计算机应用与软件，2010，27（7）：122-125；168.

有规律，上课无精打采，思想开小差或上课睡觉。还有些学生吃饭没规律，以吃零食替代吃饭或不吃饭等。利用校园一卡通系统长期积累的数据，提取学生特征，判断其作息规律，可有效预警有心理健康风险的学生并进行危机干预。

3.4.1 关键问题解决方案

1）数据处理时间单位的确定

以某一时间段为基础提取校园一卡通数据中的学生特征，判断大学生作息规律，时间段可以是一个星期、一个月，甚至一个学期等。为了减轻数据处理的压力，本书的数据处理时间单位为一个整天（24小时），将学生数据导入到数据库中，处理每天的学生数据，判断学生在某个时间段的作息规律，帮扶有问题的学生。

2）特征数据的确定

当前，校园一卡通系统、校医疗系统等包含了学生的基本信息，例如学号、卡号、姓名、院系等，刷卡数据除了包括学生的基本信息外，还有刷卡时间、刷卡地点、刷卡事项、刷卡机号等。这些基本数据可以识别具体的学生刷卡情况，因此将这些数据项作为学生作息规律判断的特征数据。学号是学生在校内唯一的识别码，根据学号可以识别学生专业年级及班级等。刷卡地点记录了食堂、零售点、图书馆等具体的地点。刷卡事项记录了每一次刷卡的用途。因此，特征数据项为｛学号，刷卡时间，刷卡地点，刷卡事项｝，这样可以减少数据处理量，提高效率。

3）作息规律判断的方法

下面介绍判断学生作息规律的几种主要方法：

（1）学生未按规定上课的识别方法

由于学生人数较多、教室不固定及上课期间有学生进去等问题，教师上课人工清点学生人数不精确并且浪费时间，上课效果也大打折扣。可采用如下方法辅助找出未按规定上课的学生：①上课时间段有刷卡记录；②全天没有刷卡记录。根据这些数据，再加以实际的确认，可以发现问题学生。

（2）学生未到校的识别方法

跟踪某一个时间段学生数据，可发现无刷卡记录的学生，这些学生疑似长期不在学校，再实际确认，可确定未到校的学生。

（3）学生未住宿的识别方法

少数学生在校外租房或借住亲友家，但有的学生没有把住宿信息告诉老师或管理人员，存在潜在的风险。根据宿舍门禁刷卡记录，可发现未到校的学生。

（4）学生未按规律就寝的识别方法

部分学生晚上不睡，早上不起床，就寝没有规律。可根据学生宿舍门禁刷卡时间段和利用个人账户在校园上网时间段与正常作息时间对比，找出未按规律就寝的学生。

（5）学生未按规律饮食的识别方法

部分学生不按规律饮食，有时几餐不吃，有时吃零食替代吃饭。可通过学生刷卡消费的时间段与正常饮食时间对比，找出未按规律饮食的学生。

（6）学生身心健康存在问题的识别方法

可通过校园一卡通在校医疗系统中的记录发现身心健康存在问题的学生。

4）提高数据处理效率

校园一卡通涉及面广，数据量大。可根据院系专业班级分类，采用分布式存储，并行处理，提高数据处理效率。

5）少量样本法

多数学生作息是正常而有规律的，只有少数学生作息规律存在问题。为了减少数据存储量，提高处理效率，可将作息规律有问题的学生数据存放到问题学生数据库中，不需要将正常而有规律作息的学生刷卡数据重新建库。

3.4.2　工作流程

1）问题学生判断流程

以校园一卡通等系统抽取的数据为基础，问题学生数据库构建的流程如下：

（1）根据全校学生数据对比一卡通系统刷卡数据，识别出用卡的学生和未用卡的学生；将未用卡的学生数据导入疑似问题学生数据库中，可查出长期未到校的学生。剔除未用卡的学生数据，剩下的学生数据进行如下处理。

（2）与食堂就餐数据和零售点数据比较，若无用卡记录或用卡时间不正常，则这些学生饮食不规律或在校外就餐，将这些学生数据导入疑似问题学生数据库。

（3）与上课数据和宿舍门禁数据对比，若用卡时间异常或无门禁记录，则这些学生要么待在宿舍没有出门而缺课，要么没有在宿舍就寝，将这些学生数据导入疑似问题学生数据库。

（4）与校园网账户数据比较，若上网时间不正常，则这些学生要么上课时间上网，要么就寝时间上网，将这些学生的数据导入疑似问题学生数据库。

（5）与其他有关系统数据比较，例如图书馆门禁及借书数据等，若刷卡时间与上课时间冲突，表明该学生缺课，将这些学生的信息导入疑似问题学生数据库。

（6）对疑似问题学生数据库的信息进行确认，形成问题学生数据库。确认的原因主要有：第一，个别学生有可能不使用本人的卡看病、就餐、零售点购物、刷门禁等，存在借卡现象。第二，门禁系统中，存在一人刷卡，多人进出的现象。第三，部分刷卡设备时间不同步，造成时间不准确。第四，部分学生不用校园网账户上网，通过手机4G或5G等上网，难以了解这些学生上网情况。第五，一卡通中，有部分临时卡，这些临时卡有可能是外来人员临时使用的，有可能是学生使用但非本人身份申请的。

2）学生作息规律判断流程

对比问题学生数据库和学校的有关规定，学生某一时间段作息规律判断的流程如下：

（1）全校学生数据剔除问题学生数据，剩下的学生数据导入正常作息、生活有规律的学生数据库中。

（2）问题学生的作息数据与正常作息标准库中数据进行相似度计算[①]。

（3）根据相似度计算结果，问题学生主要有以下类别：第一，饮食无规律；第二，就寝无规律；第三，上课纪律涣散；第四，在校但长期不上课；第五，长期未到校；第六，身心不健康；第七，其他情况。

3.4.3 效果评估

根据上述数据分析方法，下面演示计算机处理过程，由于涉及学生个人的信息，故将学生的真实学号隐去，改为8位数字编号。

（1）计算该时间段第一天的数据，得出如表3-3所示的疑似问题学生数据。表3-3中显示了学号为20220006的学生在2023年5月9日

---

① 余小高. 大数据环境中微课程个性化学习的研究 [J]. 中国教育信息化，2015 (13)：126-128.

的刷卡情况。根据课表，该学生上午有4节课，但是在上课期间有三次刷卡记录，第一次是出宿舍门，第二次是学府超市购物，第三次是九华厅就餐，由此初步推断该学生上午没有上课。根据该学生上网账户记录，该学生从当天下午2：05开始上网，一直到第二天早上3：52才下网，由此初步推断该学生晚饭没出来吃，上网时间过长。学号为20220007的学生当天没有刷卡记录，根据课表，该学生当天没有课，由此初步推断该学生不在学校。

表3-3   疑似问题学生数据（76 581条）

学号	上课情况	时间	金额（元）	地点	事项
20220006	缺课	2023.5.9.9：17		宿舍内	门禁
20220006	缺课	2023.5.9.9：35	8.5	学府超市	购物
20220006	缺课	2023.5.9.11：41	12	九华厅	就餐
20220006		2023.5.9.12：26		宿舍外	门禁
20220006		2023.5.9.14：05—2023.5.10.3：52		宿舍内	上网
20220007					
……					

（2）对表3-3的数据进行确认，将非本人刷卡的数据去掉，得出如表3-4所示的问题学生数据。

表3-4   问题学生数据（29 387条）

学号	上课情况	时间	金额（元）	地点	事项
20220007					
……					

在表3-4基础上，经过实际确认，学号为20220006的学生当天在上课，作息规律正常。原来是该学生的中学同学过来留宿，睡在学号为20220007的学生床上，借用了学号为20220006的学生的校园卡刷卡。因此，经过实际确认，在问题学生数据表中，没有学号为20220006的学生信息，只有学号为20220007的学生信息。

（3）将该时间段每天的数据处理结果汇总，并与学校规定的学生作息规范进行相似度计算[①]，得出作息规律存在问题的学生见表3-5（注：为保护学生的隐私，将具体信息隐去了）。

表3-5　　　　　　　　不按时上课的学生

学号	姓名	院系	班级
20220007	******	******	******
……			

对2023年的数据进行分析，发现学号为20220007的学生每天的刷卡信息时有时无，有时上课期间不在学校。因此，该学生的作息规律判断为没有遵守学校的作息要求，不按时上课，有时不在校内住宿，由此可判断该学生是有学习心理危机学生。

3.5　网络日志中的大学生特征提取

随着智慧校园的普及，学生上网已成为常态。分析网络日志，教师和教育管理者可了解学生的偏好，对偏好良好的学生予以赞扬，对偏好不良的学生予以干预和引导，也可根据学生的偏好，了解学生的特点，进行个性化教学。

3.5.1 关键问题解决方案

1）网络空间的构建

设网络空间 S 由 n 个区 {d (t) |t=1, 2, …, n} 组成, 此时区为网络域名及其对应的网站系统。域名由主域名、二级域名等组成, 表示为 {sd (i) |i=1, 2, …, n}; 网站系统由主页、二级网页等单元组成, 表示为 {Unit (j, k) |j, k=1, 2, …, n}。一个单元表示一个网页, 包含 n 个特征 {UnitA (m) |m=1, 2, …, n}。根据网页的主要特征: {UnitA (m) |m= {1, 2, …, n} } = {进入地址, 离开地址, 访问者的 IP, 用户 ID, URL, 停留时间, 请求方法, 访问状态, 信息大小, 访问的内容, 访问次数}。根据数据处理的需要, 实际应用中可对这些特征进行取舍。网络空间中各区的结构采用 Tire+树（以 Tire 树为基础的改进树), 该树的节点和树叶增加了特征值。根据 URL 第一个 "/" 之前的字符串, 即域名地址, 可以直接查到对应的树, 然后根据第一个 "/" 后字符串, 逐步找到对应的层次, 将网页插入到对应的位置, 同一层次的网页根据插入的先后顺序排列。网络空间构建步骤如下:

（1）初始化。网络日志集表示为 WebLog, WebLog= {RecordLog (i) |i=1, 2, …, n}, RecordLog (i) 为网络日志的第 i 条记录。RecordLog (i) 各特征设置见表 3-6。

表 3-6 　　　　　　　　　　RecordLog (i) 各特征设置

名称	内容
RecordLog (i). Entry	第 i 条记录的进入地址
RecordLog (i). Leaving	第 i 条记录的离开地址
RecordLog (i). IP	访问第 i 条记录的用户 IP 地址

续表

名称	内容
RecordLog（i）. ID	访问第 i 条记录的用户识别号
RecordLog（i）. Time	第 i 条记录的停留时间
RecordLog（i）. Request	第 i 条记录的请求方法
RecordLog（i）. Number	第 i 条记录被访问的次数
RecordLog（i）. Content	第 i 条记录的内容
RecordLog（i）. URL	第 i 条记录的 URL

只需 RecordLog（i）. ID、RecordLog（i）. URL、RecordLog（i）. Time 和 RecordLog（i）. Content 四个特征值就可判断用户偏好，为了减少存储空间和提高处理效率，可忽略其余特征值。

（2）数据清洗。读取第 i 条记录 RecordLog（i），去掉 gif、jpg、png 等文件类型的 URL，也去掉无法识别的 URL。

（3）分布式存储。由于网络日志数据量巨大，笔者下载了某一天校园网的日志，规模约有 26.6G，因此网络日志采用大数据分布式存储，并行处理。

（4）若 RecordLog（i）. URL="一级域名主页"或"二级域名主页"，则根据一级域名或二级域名并行搜索网络空间中各区。若存在该一级域名 sd（i）和二级域名 sd（i），则将该域名的主页 Unit（j, k）有关特征进行更新；若不存在该一级域名，又不存在该二级域名，则主节点分配某一从节点创建一个域 d（t），同时添加主页，否则添加该一级域名或二级域名到该空间中，同时添加对应的主页。

（5）若 RecordLog（i）. URL="一级域名主页的下级"或"二级域名主页的下级"，则根据一级域名或二级域名并行搜索网络空间中各区。若该域名存在，则将网页与该域名下的各网页进行匹配；若存在该网页地址，则更新该网页特征值，否则将该网页地址添加到对应的位置，同时建立该网页特征值。

（6）网络日志处理后，生成由区组成的网络空间。各区的结构是Tire+树，对应的域由一级和二级等域名组成，建立以主页为树根、各下一级网页为节点、末端网页为树叶的树形结构。各网页建立对应的特征表，特征表是不同访问者访问该网页的记录，并根据不同的访问者进行分类排序。各区整合成以Tire+树为基础的森林结构。

从两个角度分析构建的网络空间：第一，学生角度。若访问的是一个有状态类网站，则可根据访问路径得出状态序列，从而构造出有限状态机。同时根据学生访问网络的路径，可以推导出信息传播路径和传播源。根据学生访问网页的次数、停留时间，可以得出学生的兴趣偏好等。鼓励偏好良好的学生，干预偏好不良的学生，促进学生群体健康向上发展。第二，网站角度。根据网页访问的次数和停留时间，可得出学生偏好哪些内容，可有针对性地调整网络。

2）状态确定型网站

访问的网站分为状态确定型网站和状态非确定型网站，可用状态机直接描述学生访问状态确定型网站的序列来估算学生的访问时间。状态确定型网站已提前确定状态，学生访问各网页时，不同的访问请求由不同规则确定，规则之间相互联系。例如自主开发的学习网站系统，用户访问不同的网页根据用户请求访问的http参数确定。该类网站系统已内置了用户访问网站的访问请求规则，根据其规则构建有限状态机，构建访问机制状态转换图。下面以自建的学习系统为例建立有限状态机模型[1]，根据学生访问的网络日志估算不同学生访问网站的时间。

---

① 余小鹏，余小高. 面向MOOC的情境仿真支持系统 [J]. 武汉工程大学学报，2018，40（3）：340-344.

（1）学生访问网站的有限状态机模型

关键字"STS"用于传递网页参数，其参数值定义如下[①]：Beg表示开始状态；Rd表示学生开始使用学习系统的记录，登录系统时出现；Down表示下传学习系统中框架性数据；JD表示下传详细数据，数据可以反复加载；View表示学生阅读已下传完的数据文件，可以连续下传和阅读多页数据文件；Kd表示系统下传文件关键字；Vt表示访问某一个文件的结束状态，然后转向Ed状态；Ed表示结束状态；其余状态用其对应的参数值标注。箭头表示状态转移，箭头方向表示转移方向，双向箭头表示相互转移的状态。若含有Vt的记录丢失，JD和View直接转向Ed状态。

根据STS定义和学习网站状态转换规则，学生访问网站的有限状态机模型表示为Acps= {STS，INP，R，Beg，Ed} 其中：

① STS= { Beg, Rd, Down, JD, View, Kd, Vt, Ed };

② INP= {student [j] | j=0, …, m}，在该类网站中，输入字符为访问网站的学生信息，包含学生识别号、访问内容信息与时间状态信息等；

③ R：STS×INP→STS，在该类网站中，如果当前状态与当前输入的学生信息的访问内容信息与时间状态信息不相同，那么该学生的状态更改为当前状态，否则保存原有状态；

④ Beg∈STS，表示系统给学生设定的初始状态，该状态可取任意值；

⑤ Ed∈STS，表示最后一次状态改变后的状态。

（2）学生访问网站的时间估算

采取均方差判定方法来判断估算时间与实际时间是否相符[②]，其

① 罗元剑，姜建国，王思叶，等. 基于有限状态机的RFID流数据过滤与清理技术[J]. 软件学报，2014（8）：1713-1728.
② 李笑梅. 多指标综合评价方法综述[J]. 统计与管理，2022，37（2）：45-48.

计算公式如下：

$$mse = \sqrt{\frac{1}{n}\sum_{i=1}^{n}\left(t_i' - t_i\right)^2}$$
(3-1)

其中，mse 表示估算的时间与实际时间的均方误差；n 表示文件个数；t_i' 表示访问第 i 个文件的估计时间；t_i 表示访问第 i 个文件的真实时间。

在一个状态转移序列中，根据下述步骤 1 和步骤 2 两种情况，采用不同的设定时间替换，学生访问网站的时间估算如下：

步骤 1，为解决搁置操作问题，设 T_1 为时间阈值，$\{time(i) \mid i=1, 2, \cdots, n\}$ 为一个状态转移序列中所有两条相邻的访问记录时间间隔集合，若 $time(i) \geqslant T_1$，则以 T_1 代替 $time(i)$。计算所得 T_1=130 秒时较为合理。

步骤 2，为了更加精确地估算用户浏览文档的起始时间，设 T_2 为浏览时间间隔阈值，View 的起始时间是学生开始浏览文档时获得焦点的点击文档事件的时间。$\{View(j) \mid j=1, 2, \cdots, m\}$ 为所有相邻 View 的时间间隔集合，$View(j) \geqslant T_2$，则以 T_2 代替 $View(j)$。计算所得 T_2=255 秒时较为合理。当时间阈值为 260 秒时取得最小均方差 67 秒。此时的均方差已控制在一个较为理想的范围（60 秒左右）。

步骤 3，通过步骤 1 和步骤 2 处理后，将学生访问该网站所有状态的持续时间作为估算结果。

3）状态非确定型网站

状态非确定型网站的访问时间计算，需分析学生访问该类网站的请求顺序，得出访问序列和访问请求状态机，从而较准确地估算学生访问该类网站的时间。主要思路：首先判断这些网站是否有状态类。其次再构建该类网站的有限状态机，构造的状态机应具有简洁性和可解释性；简洁性指的是构造的状态机转换图的节点数和边数尽可能地少；可解释性指的是构造的状态机能较好地解释用户的行为。最后根据构造的状态机和访问序列，预估用户访问网站的时间。

在状态确定型网站中已阐述利用网络日志得出用户访问网站状态序列，构造符合多数序列的状态机，下面根据用户访问状态频率，利用隐马尔可夫模型建立状态机模型。主要思路：①分析学生访问的网络日志文件，找出网页访问请求序列。②分析访问不同网站的关键字，利用这些关键字筛选出访问不同网站的日志记录集合。③分析这些记录集合，判断是否有参数控制不同网页之间的转换，若没有，则表明网页之间是根据用户点击转换的；若有，则表明网页之间是根据参数的值进行转换的；进而再确定有明显规律的参数值，判断其变化是否有规律，若有规律，则表明该网站为有状态类网站。④根据参数值的变化规律得出有限状态机，进而估算出学生访问该类网站的时间。

（1）计算相邻访问状态概率

隐马尔可夫模型中状态序列是隐含的，无法直接观察到，状态用概率表示[①]。根据马尔可夫模型，计算当前状态的下一个访问状态出现的概率，每一访问状态只与相邻访问状态有关而与其他的状态无关[②]。由此，根据当前访问状态计算前后相邻状态，此方法计算了每种状态前后相邻访问状态出现的次数，将出现概率大的访问状态确认为转换规则是合理的，概率小的确认为是中间记录缺失所致或转换规则是不常见的[③]。

（2）过滤访问状态

将用户每次访问网站系统的某个网页或文件产生的记录称为一个

① 谭同超. 有限状态机及其应用 [D]. 广州：华南理工大学，2013.
② 刘建华，耿霞，李文杰. 基于标准分的马尔科夫链在教学效果评价中的应用研究 [J]. 教育教学论坛，2018（19）：202-204.
③ 孟凡力. 百度文库用于改善学生数据结构成绩预测的研究 [D]. 重庆：重庆大学，2016.

访问实体，在每个访问实体中某些网址访问控制参数的值几乎在每次访问请求中出现，而有一些参数值出现的概率很小。将网址访问控制参数的值定义为关键字，常见的关键字（即常见的网址访问控制参数的值）可用来控制访问状态的转换，而出现概率很小的关键字可用于记录某些相对少见的事件，虽然这些概率很小的关键字代表了某种操作方式，但它们对于估算网页访问时间的价值不大，所以对相邻访问状态进行阈值设定，应过滤掉概率很小的关键字。

为了使构造的状态具有完整性和简洁性，采用PKDE算法①计算访问状态过滤的阈值，一般设定为0.4，即将相邻访问状态概率大于0.4的访问状态作为状态转移规则，否则舍弃。

通过阈值对访问状态过滤后，可以构造有序状态机，得到状态转移模型。

（3）访问网站时间估算步骤

步骤1，获取网络日志集；

步骤2，清洗，消除噪声；

步骤3，根据网络日志中访问记录确定关键字；

步骤4，利用PKA算法②对关键字分类；

步骤5，构建网络空间③，确定关键字；

步骤6，根据隐马尔可夫模型，计算相邻访问状态概率，设置阈值，对访问状态进行过滤，构造有序状态机；

步骤7，根据构造的有序状态机，估算访问网站时间。

---

① 余小高，余小鹏. 基于距离和密度的无监督聚类算法的研究［J］. 计算机应用与软件，2010，27（7）：122-125，168.
② 余小高. P2P环境中k最近邻搜索算法研究［J］. 微电子学与计算机，2009，26（9）：61-63.
③ 余小高，余小鹏. 基于网络日志的用户偏好判断方法［J］. 中国信息技术教育. 2017，（21）：98-101.

3.5.2　工作流程

采用Hadoop的"主-从"（Master-Slave）模式设计网络日志中的学生特征提取及其偏好判断系统，其工作流程如图3-3所示。

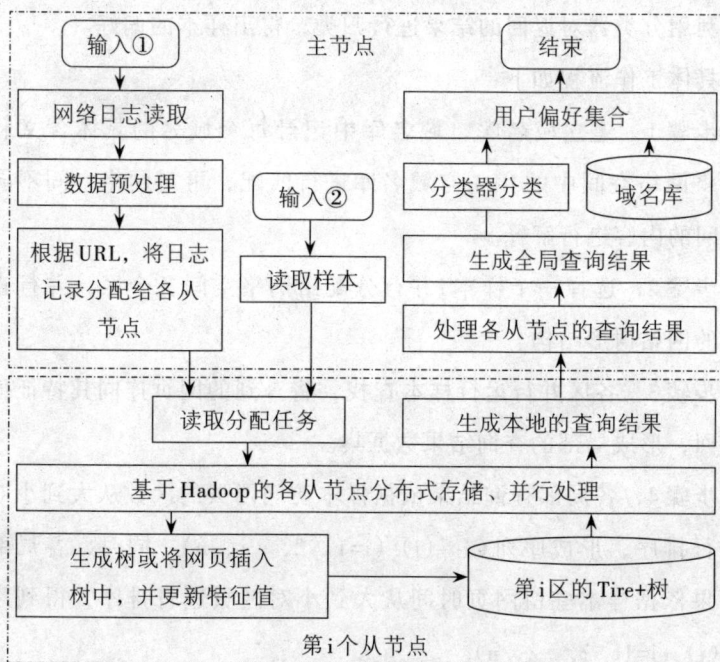

图3-3　工作流程

主节点（分配任务的节点）起着管理的作用，其功能有四个：第一，将任务分配给不同的从节点（存储和处理网络空间各区数据的节点）；第二，监测从节点的工作状态；第三，接收不同从节点处理完的数据；第四，执行全局计算，生成全局的学生访问序列。从节点功能也有四个：第一，读取主节点分配的任务；第二，并行方式处理任务，生成学生的局部访问序列；第三，筛选访问序列；第四，将处理的结果返回给主节点。在整个工作过程中，主节点读取现有的网络日志。该模式只有一个主节点控制着多个从节点，主从之间没有依赖关系。图3-3说明了主节点和从节点之间的关系，图中"输入①"表示输入网络日志，然后进行数据预处理，再根据网络日志记录构建网络空间。"输入②"表示输入要查询的样本ID号，然后查询网络空间中该样本访问各网页的次数、停留时间等特征值，查询完毕返回网页序列，利用分类器对返回的结果进行归类，得出样本的偏好。

具体工作流程如下：

步骤1，建立域名库，域名库中记录每个域名的具体含义和内容，将网络空间中的URL与域名库进行匹配，可对网络空间不同用户访问的内容进行解释。

步骤2，选择一个样本i并行分配给网络空间各个区，并行查找各区的网站树形结构。

步骤3，各区并行运行样本查找，将查到的网页连同其特征值一起返回，形成局部的查询结果数据集。

步骤4，各局部查询结果依据样本访问网页的次数从大到小对网页进行排序，形成序列 CL_1 (i) (i=1, 2, …, n)。同时，各局部查询结果依据样本驻留网页时间从大到小对网页进行排序，得到序列 CL_2 (i) (i=1, 2, …, n)。

步骤5，各区并行处理完毕，将序列 CL_1 (i) 和序列 CL_2 (i) 进行全局排序（可采用归并排序等方法），得到全局的序列 CL_1 和序列 CL_2。

步骤6，选择一个新的样本，从步骤1开始循环执行，直到所有的样本运行完毕，最终形成了 |用户，CL_1，CL_2| 的向量空间。

步骤7，根据每一个样本的全局序列 CL_1 和序列 CL_2，采用聚类等方法[1]，生成j个不同的样本偏好集合P= |p (j) |j=1, 2, …, n|，

---

① 余小高. 电子商务智能推荐系统研究 [M]. 武汉：湖北人民出版社，2012：52-118.

该集合的元素 p（j）就是样本的偏好类别。

步骤 8，对照域名库中域名的分类和内容，可以找出网页集合 P 中各网页的归类和内容。

3.5.3 效果评估

1）精确度评估

将学生的偏好分为学习类和娱乐类两大类来测试网络空间结构形式处理网络日志的精确度。在网络日志分析中，将那些热衷于网游、视频、音乐、交友、微博、社区、体育、小说、即时通信、图片、旅游等网络的学生归为娱乐类，将那些集中在学习、新闻等网络上的学生归为学习类。

首先，对 192 名本科生进行问卷调查和实际跟踪访谈，得出学习类的学生 151 名，娱乐类的学生 41 名，4 名有学习心理危机的学生全部在娱乐类。其次，将这 151 名学生在 2023 年上半年第 10 星期的上网日志从网络中心导出，对他们的偏好进行分析。设 A0 为不采用网络空间结构计算得出用户偏好的结果，设 A1 为采用网络空间结构计算得出用户偏好的结果，上述两种方法采用相同的聚类算法。表 3-7 是问卷调查和实际跟踪访谈的结果、A0 和 A1 三者之间的对比，以问卷调查和实际跟踪访谈的结果为参考，可以发现 A1 优于 A0。

表 3-7 三种方法的结果对比（共 192 人）

类别		问卷调查和实际跟踪访谈	A1	A0
学习类	人数	151	147	117
	比例	79%	77%	61%
娱乐类	人数	41	45	75
	比例	21%	23%	39%

2）效率评估

在试验中，将网络日志拆分处理，得出计算不同数据量所需要的时间，如图 3-4 所示。设 T0 为 Hadoop 环境下将清洗后的网络日志文件直接存入计算机集群中计算得出的用户偏好时间；设 T1 为 Hadoop 环境下将清洗后的网络日志文件以网络空间结构形式存入计算机集群中计算得出的用户偏好时间，上述两种方法采用的计算方式一样。图 3-4 是 T0 与 T1 的对比，对于相同的数据，T1 小于 T0，数据量越大，二者的差距逐步拉大。

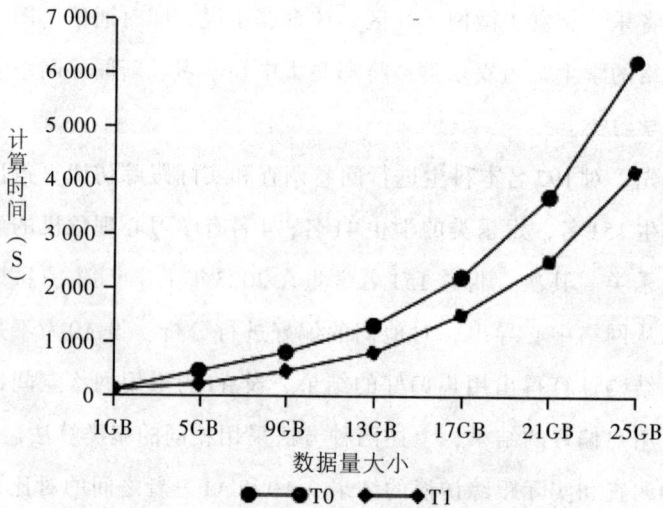

图 3-4　T1 与 T0 对比

从图 3-4 可知采用网络空间结构形式处理网络日志，计算的效率得到提高。在精确度评估中，网络空间各区提交的结果是局部排序的，全局计算时将局部排序按全局重新排序，然后采用聚类算法对用户偏好进行划分，因此计算效率和精确度得到提高。

4

学生特征选择

　　根据学生数据提取的部分特征有可能与学生心理健康风险预警及干预无关，删除这些无关特征对训练模型的准确性十分必要[①]。本章在学生特征提取的基础上论述特征选择方法，主要有以下三个目标[②]：第一，提高模型的性能；第二，减少训练模型的时间，提高预警及干预的效率和精确率；第三，揭示数据的生成过程及其意义。首先介绍特征选择过程和特征选择算法，然后讨论非均衡样本问题，为预警模型的构建做好特征选择工作。

4.1　特征选择过程

　　学生特征选择是在特征提取的基础上找出最优特征子集[③④]，其过程如图4-1所示。

　　学生特征选择有如下8个步骤：

　　步骤1：设特征集合为C，设置特征选择终止条件并遵循以下3条准则：①候选特征子集的数目大于设定的阈值；②搜索策略、搜索次数大于设定的上限；③评价函数超出设定的阈值或已是最优。

　　步骤2：设置初始子集。若采取前向搜索策略，则初始子集设置为空；若采取后向搜索策略，则初始子集设置为特征集合C。

　　步骤3：采取合适的搜索策略选择候选特征子集。

　　步骤4：生成相应的候选子集S。若采取前向搜索策略，特征子集随着候选特征在搜索过程中逐步加入而不断扩充；若采取后向搜索策略，特征子集随着无关特征和冗余特征在搜索过程中逐步从子集中删除而不断变小。

① 施启军，潘峰，龙福海，等. 特征选择方法研究综述 [J]. 微电子学与计算机，2022，39（3）：1-8.
② 周琪. 特征选择与特征学习算法研究 [D]. 合肥：中国科学技术大学，2017.
③ 汤逸凡. 基于特征选择和集成学习的入侵检测技术的研究与实现 [D]. 北京：北京邮电大学，2023.
④ 马晓菲. 高维小样本数据下集成式特征选择算法的比较研究 [D]. 长春：长春工业大学，2024.

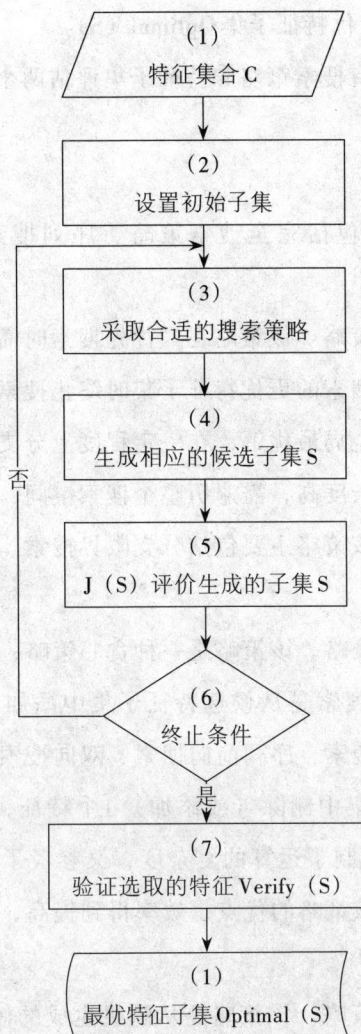

图4-1 学生特征选择过程

步骤5：评价函数 J（S）对生成的子集S进行评价。

步骤6：根据评分结果判断是否终止特征选择，若不满足停止条件则转向步骤3再迭代一次。

步骤7：验证选取的特征 Verify（S）。

步骤8：确定最优特征子集Optimal（S）。

特征选择过程有搜索策略和特征子集评估两个核心技术。

4.1.1　搜索策略

搜索策略主要包括完全搜索策略、序列搜索策略和随机搜索策略。

（1）完全搜索策略。该策略在最优先搜索时需设置阈值，当无法求出多次连续扩展搜索的更优特征子集时终止搜索，返回结果。该策略的优点是能找到全局最优解，在一定程度上分支限界策略可缩小搜索空间；缺点是复杂度高，需遍历整个搜索空间，评价函数对特征数目必须有单调性。该策略主要包括分支限界搜索、最优先搜索、广度优先搜索[①]。

（2）序列搜索策略。该策略是一种贪心策略，主要采用以下两种方法：第一，每次搜索是从候选特征子集中添加（或删除）某一特征，例如序列后向搜索、序列前向搜索、双向搜索等；第二，每次搜索是从候选特征子集中删除（或添加）d个特征，并添加（或删除）a个特征，这样既限制了运算的复杂度，又参考了入选（或删除）特征之间的相关性。该策略的优点是效率得到提高，缺点是易导致局部最优。

（3）随机搜索策略。该策略是从随机生成的候选特征子集开始，根据一定的启发式规则，逐步接近最优解。通常情况下需预先设定搜索的循环次数，即设置阈值；当循环次数大于阈值时终止搜索，返回结果。该策略优点是简单易行，缺点是不确定性比较大，依赖于随机因素，稳定性差。该策略主要包括遗传算法、随机生成序列算法、模

---

① 张庐婧，林国平，林艺东，等. 多尺度邻域决策信息系统的特征子集选择 [J]. 模式识别与人工智能，2023，36（1）：49-59.

拟退火算法等[①]。

4.1.2　特征子集评估

特征子集优劣的度量标准直接影响特征选择的结果。特征选择算法运行的结果及模型的性能由度量标准直接决定，即特征子集度量标准确定了采用相应的特征选择策略。因此，度量标准的确定是评估特征子集需要解决的关键问题，可分为独立度量标准和相关度量标准。

（1）独立度量标准。该标准指特征子集评估仅依靠数据的内在属性，不依赖于具体的学习方法，一般用于过滤方法中，主要包括距离度量标准、信息度量标准、相关性度量标准和一致性度量标准等。

① 距离度量标准。该标准用距离来衡量样本之间的相似度，主要包括欧氏距离、马氏距离标准化等。

② 信息度量标准。该标准用信息熵等来度量特征子集对分类模型的作用，主要包括信息增益和互信息等。

③ 相关性度量标准。该标准用特征与类别之间的相关性来度量特征的重要性程度，主要包括 Pearson 相关系统、T-test 和 Fisher 指标等。

④ 一致性度量标准。该标准用样本数据集合的不一致率来度量，不一致率指不一致的样本数量与总样本数量的比例。其优点是速度快、消除冗余、删除无关特征等；缺点是对噪声数据较为敏感，只适用于度量离散特征，主要包括 Focus、SetCover 和 LVF 等。

（2）相关度量标准。该标准指特征子集评估依靠具体的学习算法，采用分类器的错误率作为评价指标，一般用于封装方法中。该标

---

① 李郅琴，杜建强，聂斌，等. 特征选择方法综述［J］. 计算机工程与应用，2019，55（24）：10-19.

准将分类模型的性能直接用于评估特征重要性程度，特征选择和分类模型相互依赖。其优点是选择的特征子集性能较好；缺点是过拟合的风险较高，泛化性能较弱，复杂性较高，分类模型的构建需大量计算开销。

4.2　特征选择算法

根据特征与目标任务的关系，特征选择算法分为过滤、封装和嵌入三种算法。

4.2.1　过滤式特征选择算法

该类算法通过分析数据集合自身特性来确定特征评价标准，从而实现特征选择任务，例如相关度和冗余度等。该类算法的关键问题是特征评价标准是否恰当。根据特征评价标准，该类算法分为评价单个特征和评价特征集合整体两种算法。

1）评价单个特征的特征选择算法

根据单个特征与目标任务的相关度，为每个特征评分，评分较高的特征组成最优特征集合。Relief算法[①]认为选取的特征应在不同类别的样本之间具有更强的区分度，而在同类别的样本之间具有更好的相似性。Relief算法仅适用二分类问题的特征评估，具有简单高效的特点。ReliefF算法[②]对Relief算法进行了延伸和扩展，可处理多分类问题，鲁棒性更好。基于R-value的特征选择方法是通过一种简单的思路找到每个特征统计样本集合的重叠部分，重叠越小，则特征对样

①　靳炳烨，王锋，魏巍. 半监督Relief-F特征选择算法［J］. 河北师范大学学报（自然科学版），2023，47（4）：348-353.
②　吴心坪. 基于最小二乘回归的半监督稀疏特征选择算法研究［D］. 成都：西南交通大学，2022.

本集合的区分能力越强，最终选择那些对样本集合的区分能力较强（即 R-value 较低）的特征[1]。INTERACT 是根据特征对样本集合一致性的影响来选择特征，根据对称不确定性计算特征与目标任务的相关度，按照相关度的大小对特征降序排列，从后开始依次向前删除对样本集合一致性影响小于设定阈值的特征[2]。

近年来，众多学者关注基于拉普拉斯矩阵的谱特征选择方法的研究，该方法主要是对特征在样本集合上的区分能力进行评估。LaplaceScore 是用于无监督学习的一种特征选择算法[3]，计算各个特征的拉普拉斯得分，对特征作用于目标任务的重要性进行评估。Laplace-Score 与 ReliefF 的思路类似，但 ReliefF 仅适用于监督学习情况，LaplaceScore 适用于监督学习和无监督学习。SPEC[4]进一步分析特征与样本结构，并对拉普拉斯矩阵 £ 的特征值和特征向量之间的关系进行了正规化，提出根据特征和 £ 特征向量的余弦平方距离完成特征选择，并给出了特征选择方法的框架，说明了 ReliefF 为其第一种形式和 LaplaceScore 为其第二种形式的特殊情况。EVSCH 为另一个重要的特征选择方法，该方法评估不相关特征对目标任务的影响，着重选择对样本结构产生影响的关键特征，根据特征的重要性对特征加权，构建样本结构图，降低了无关特征和噪声数据对样本结构图的影响，选择的最优特征子集更加可靠。

2）评价特征集合整体的特征选择算法

该方法评估特征之间的相关关系获得最优特征子集。其中，

① ZHU X F, ZHANG S C, HU R Y, et al.Local and global structure preservation for robust unsupervised spectral feature selection [J]. IEEE Transactions on Knowledge and Data Engineering, 2018, 30 (3): 517–529.
② 支晓斌，武少茹. 基于最小平方 QR 分解的改进鲁棒特征选择 [J]. 西安邮电大学学报, 2019, 24 (6): 35–41.
③ 江兵兵，何文达，吴兴宇，等. 基于自适应图学习的半监督特征选择 [J]. 电子学报, 2022, 50 (7): 1643–1652.
④ 龚静，黄欣阳. 基于隐性语义索引的多标签文本分类集成方法 [J]. 计算机工程与设计, 2017, 38 (9): 2556–2561.

MCFS[①]和 MRSF[②]根据一个回归问题的求解，得到一组特征，以逐步接近正规化拉普拉斯矩阵 £ 的一个特征向量，从而获得作用在样本集合上某一划分方向的一组相关特征；然后，将作用在样本集合上各个划分方向的重要特征进行综合，得到最优特征子集。因此，MCFS 对作用在样本集合中不同划分方向上具有最大影响的特征进行评分，最优特征子集由评分较高的特征组成。

MRSF 评价特征集合整体，降低了特征集合的冗余度。有的算法将特征集冗余度的评估直接加入到目标函数中，得到相关度高和冗余度低的最优特征子集。mRMR[③]是相关度最高、冗余度最低的算法，计算特征与目标任务和不同特征之间的互信息，评价特征的相关度和冗余度，并根据特征集合中特征之间的相互关系，构建评估特征集合的 mRMR 准则。在特征选择过程中，mRMR 采用增量搜寻方法，每次迭代，从特征集合的剩余特征中搜寻相关度更高、冗余度更低的特征组成最优特征子集。QPFS[④]是基于二次规划的特征选择算法，不同特征的权重用一个指示向量来表示，构造特征相关度和冗余度矩阵，并解决特征相关度最大化和特征冗余度最小化的优化问题，从而确定不同特征的权重，选择特征组建最优特征子集。该算法中变量之间相关度评价准则是 Pearson 相关系数和互信息。

CFS[⑤]是基于搜索的特征选择算法，依据相关度建立启发式评估函数，在特征空间中利用启发式评估函数不断搜索，获得最优特征子

① 杨燕燕，张晓，李翔宇，等. 基于样本和特征搜索空间不断缩小的模糊粗糙集特征选择 [J]. 重庆邮电大学学报（自然科学版），2021，33 (5)：759-768.
② 钟岩. 基于局部到全局相关性和稀疏图的多标签特征选择方法 [D]. 合肥：中国科学技术大学，2022.
③ BEHERA R, DAS K.A survey on machine learning: concept, algorithms and applications [J]. International Journal of Innovative Research in Computer & Communication Engineering, 2017, 2 (2): 1301-1309.
④ VINH N, ZHOU S, CHAN J, et al. Can high-order dependencies improve mutual information based feature selection? [J]. Pattern Recognition, 2016, 53 (C): 46-58.
⑤ EGEA, REGO, CARRO, et al.Intelligent IoT traffic classification using novel search strategy for fast based-correlation feature selection in industrial environments [J]. IEEE Internet of Things Journal, 2018, 5 (3): 1616-1624.

集。在特征选择过程中，该方法侧重选择那些与目标任务相关度高且在特征集合内关联度低的特征子集。mRMR、QPFS 以及 CFS 是综合考虑特征的相关度和冗余度来完成查找最优特征子集任务，但评估特征相关度需依赖目标任务的类别信息，因此这些算法只适用于监督学习情况。

4.2.2 封装式特征选择算法

过滤式特征选择算法由人工设定特征集合的评价准则，封装式特征选择算法通过将特征集合直接用在目标模型上产生的效果进行评价。Bala[①]利用决策树算法对特征集的优劣进行评估，Punch[②]利用最近邻算法对特征集的优劣进行评估。Kohavi[③]的特征集评价准则依据的是 ID3 决策树算法和朴素贝叶斯算法。

传统的封装式特征选择算法需要在复杂的特征空间中进行特征搜索，每次需要训练目标模型来评价特征集合，效率很低。Weston[④]改进了传统的封装式特征选择算法，提出了基于核支持向量机的特征选择算法。该算法是将特征选择转化为求不同特征重要性的回归，依据梯度下降来进行特征选择，得到最优特征子集。实际上，该算法对初始问题进行松弛，不需要对特征集进行搜索和评价。Hui 采用另一种思路来改进传统的封装式特征选择算法[⑤]，提出了以一组不同核函数和不同参数为基础的核支持向量机模型，利用该模型预测单个特征，

① KIM, JIN.Hierarchical multi-class LAD based on Ova-binary tree using genetic algorithm [J]. Expert Systems with Applications, 2015, 42 (21): 8134–8145.
② 张婧，曹峰，董毓莹，等. 基于互信息和遗传算法的特征选择算法 [J]. 山西大学学报（自然科学版），2024, 47 (1): 1–8.
③ 张庐婧，林国平，林艺东，等. 多尺度邻域决策信息系统的特征子集选择 [J]. 模式识别与人工智能，2023, 36 (1): 49–59.
④ 吴青，付彦琳. 支持向量机特征选择方法综述 [J]. 西安邮电大学学报，2020, 25 (5): 16–21.
⑤ WANG L, WU C.A combination of models for financial crisis prediction: integrating probabilistic neural network with back-propagation based on adaptive boosting [J]. International Journal of Computational Intelligence Systems, 2017 (10): 507–520.

根据各个预测结果，计算指标均值和标准差对特征的重要度，完成综合评估，选择评估结果大于设定阈值的那些特征组成最优特征子集。

4.2.3 嵌入式特征选择算法

嵌入式和封装式特征选择算法都是根据目标任务对特征集合进行评价，但嵌入式特征选择算法在目标模型训练过程中采用嵌入式方法。SVM-RFE算法[1]进行特征选择时采用了一个迭代方法。每次迭代过程采用核支持向量机对分类器进行训练，根据训练后的分类器相关参数，计算各个特征的权重值，根据不同特征的权重值对特征进行排序，根据后向特征选择策略，从特征集合中删除权重最小的特征。在特征集合上通过算法多次迭代反复对分类器进行训练得到最优特征子集，该方法效率比较低。FS-Percepton是基于感知机的算法[2]，效率较高，由于感知机简单直观，对分析不同特征的权重更加有利。该算法与SVM-REF类似，在特征集合中每次迭代采用后向特征选择策略删除权重最低的特征，完成特征选择任务。

4.2.4 特征选择算法比较

过滤式特征选择算法独立于目标任务，比封装式和嵌入式特征选择算法更有优势，泛化性能更好，效率更高，代价更低。由于特征之间关系复杂，准确评估特征比较困难。封装式特征选择算法在特征选择过程中以目标任务为导向直接评估特征集合整体，对目标任务起最好作用的特征组成最优特征子集。在特征选择过程中，该算法与目标任务高度相关，具有较好的性能。由于该算法在特征选择过程中需要反复训练目标

① CHOI H, YEO D, KWON S, et al.Gene selection and prediction for cancer classification using support vector machines with a reject option [J]. Computational Statistics & Data Analysis, 2011, 55 (5): 1897-1908.
② WANG S, CONG Y, CAO J, et al.Scalable gastroscopic video summarization via similar-inhibition dictionary selection [J]. Artificial Intelligence in Medicine, 2016 (66): 1-13.

模型，因此效率比较低。嵌入式与封装式特征选择算法类似，进行特征选择时以目标任务为导向，但其效率比封装式特征选择算法更高。

不同特征选择算法各有优缺点，现实中数据集合一般比较复杂，分析不同数据集合的特性比较困难。根据解决实际问题的需要，应选择合适的特征选择算法。根据不同特征选择算法的优缺点，取长补短，有效地将它们组合起来，是一个比较好的方法。Zhang[1]将 ReliefF 和 mRMR 组合起来完成特征选择，首先根据 ReliefF 生成候选特征集合，其次采用 mRMR 综合计算特征之间的相关度和冗余度，最后获得最优特征子集。Akadi[2]将过滤式算法 mRMR 和封装式算法 GA 组合，为两个过程进行特征选择：首先用 mRMR 删除数据中部分冗余特征；其次在第二个过程中应用 GA，特征集合的评估函数采用支持向量机和朴素贝叶斯，持续交叉变异；最后得出最优特征子集。

4.3　非均衡样本问题

在大数据分析与挖掘和模式识别领域中，分类预警方法是重要的研究课题之一[3]。虽然现在有许多成熟的分类预警方法，但大多仅对均衡数据的分类预警有较好的效果，非均衡数据分类预警的效果却不佳。由于许多分类预警算法是以不同类别的样本数量基本相当为约束条件，因此，分类预警数据集合中少数类的效果就很差，而在很多情况下少数类是更关心的类别[4]，例如大学生心理健康风险预警等。

本书研究的大学生心理健康风险预警目标是提高少数类有心理健

① 吴兴宇，江兵兵，吕胜飞，等. 基于马尔科夫边界发现的因果特征选择算法综述 [J]. 模式识别与人工智能，2022，35（5）：422-438.
② 周锐闯，田瑾，闫丰亭，等. 融合外部注意力和图卷积的点云分类模型 [J]. 图学学报，2023，44（6）：1162-1172.
③ 张忠林，冯宜邦，赵中恺. 一种基于SVM的非均衡数据集过采样方法 [J]. 计算机工程与应用，2020，56（23）：220-228.
④ 罗康洋. 基于支持向量机的高维不平衡数据集分类算法及其应用研究 [D]. 上海：上海工程技术大学，2020.

康风险学生的预警精确率。在样本集合中，如果正负样本的分布是不平衡的，负样本的个数远大于正样本的个数，那么该样本集合的分类问题即是不平衡数据集合的分类①。通常情况下，正类属于稀缺类，例如在心理健康风险预警中，有心理健康问题学生和心理健康正常学生分别属于我们所研究的正类和负类。若错误地把有心理健康问题学生状态划分为心理健康正常学生状态，就有可能导致学生因心理健康问题而不能正常学习和生活。信用卡的欺诈检测中合法交易的数量远大于非法的欺诈交易数量。通常情况下，产品质量检测中工厂内生产的不合格产品也远小于合格产品。癌症检测中真正患有癌症的人数远小于正常人。上述例子中数据集合的少数类样本才是需要关注的，如果错误地预警这些少数类，将会导致巨大损失。

4.3.1　非均衡数据分类

当前许多专家对非均衡数据分类进行了大量的研究，但是非均衡数据分类问题的解决还是没有一种通用的方法②。一般地，非均衡数据可分为如下三种基本类型：

（1）数据分布非均衡。数据集合中某一类数据或某几类数据分布很分散或者很集中。

（2）数据数量非均衡。数据集合中某一类数据或某几类数据的数量特别多，而另外一些类数据的数量特别少。

（3）数据属性特征非均衡。数据集合中样本的属性特征很多，但能够对正类和负类进行区分的属性特征很少，大多数样本的属性特征无法对正负类进行区分。

---

① 刘梦依. 基于不平衡数据集的数据挖掘分类算法研究［D］. 兰州：兰州理工大学，2018.
② 冯宜邦. 基于重采样的非均衡数据分类算法研究及应用［D］. 兰州：兰州交通大学，2022.

很难找到一种通用的方法来解决以上三种非均衡数据类型的分类预警问题，因此对各种类型的问题采用多种方法进行研究。

当前主要从如下三个层面进行研究：第一，找出适用于非均衡数据分类预警的新方法；第二，改变非均衡数据各类别的分布；第三，对非均衡数据分类器性能评价指标重新设计，可对现有指标加权和融合，也可全新设计。

根据上述分析，一般从数据、算法和评价标准三个角度对非均衡数据分类预警方法进行研究：第一，数据角度。当前主要采用欠抽样、过抽样和两种抽样相结合的混合抽样三种重抽样方法来降低非均衡样本比例。欠抽样是减少训练集中多数类的样本数量，过抽样是增加少数类的样本数量[①]。第二，算法角度。主要利用单类学习方法、主动学习方法、代价敏感学习方法等来解决非均衡数据的分类预警问题[②]。第三，评价标准角度。对非均衡数据分类预警模型优劣的评价一般采用F-Measure、G-Mean和AUC-ROC等评价标准，不适合采用ACC值作为评价标准。

4.3.2　处理非均衡数据面临的问题

非均衡数据具有数据分布非均衡、数据数量非均衡、数据属性特征非均衡等问题，一般的均衡数据分类预警方法不能有效解决这些问题[③]。非均衡数据的处理主要存在如下四个问题：

（1）训练集数据数量非均衡。训练集中数据数量非均衡主要是指数据集中少数类（正类）数据稀少。这主要有两种情况：相对稀少和

---

① 罗康洋. 基于支持向量机的高维不平衡数据集分类算法及其应用研究［D］. 上海：上海工程技术大学，2020.
② 章延. 基于改进非平衡策略和深度学习的入侵检测研究［D］. 桂林：桂林电子科技大学，2019.
③ WANG S，CONG Y，CAO J，et al.Scalable gastroscopic video summarization via similar-inhibition dictionary selection［J］. Artificial Intelligence in Medicine，2016（66）：1-13.

绝对稀少。相对稀少是指少数类（正类）数据相对多数类（负类）数据的比例较小，少数类本身的数据数量并不少；绝对稀少是指少数类（正类）数据绝对稀少[1]。

（2）噪声数据。一般地，噪声数据或多或少存在于不同数据集中，在分类决策面附近存在噪声数据会对少数类数据的分类预警精度造成影响。若删除这些噪声数据，有可能把带有重要信息的少数类数据一起删除，会对分类预警模型造成较大影响；若不删除这些噪声数据，分类预警模型对少数类数据的预警精度无法提高[2]。当前有许多删除噪声数据的方法，但不一定能满足具有类重叠特性的非均衡数据的要求。

（3）分类决策面偏移。利用非均衡数据对支持向量机建模过程中，由于少数类的数量相对多数类要少很多，分类超平面会偏移到少数类方向，许多少数类会被误判为多数类。WSVM加权支持向量机能够增加代价来降低对少数类的误判，由于决策树和逻辑模型树等规则提取算法没有这样的性能，这些规则提取算法在拟合WSVM模型分类决策面中生成的规则集对少数类数据进行预警时，其精确度依然不高。

（4）广泛存在的非均衡问题。在现实生活和工业生产中，非均衡数据广泛存在，例如大学生心理健康风险预警、信用卡欺诈识别、电信业客户流失等[3]。以大学生心理健康风险预警模型为例，在成千上万的学生中，有心理健康问题的学生相对于正常学生来说所占的比例小，但是这些学生能否正常学习生活却很重要，那么大学生心理健康风险预警就是一个非均衡数据集的问题。

---

① 樊芮，陈湘媛，王冠男，等. 不平衡数据集异常检测和分类算法［J］. 电力系统及其自动化学报，2023，35（9）：112-119.
② 罗康洋. 基于支持向量机的高维不平衡数据集分类算法及其应用研究［D］. 上海：上海工程技术大学，2020.
③ 李轩. 基于少数类样本重组的不平衡数据分类研究［D］. 长沙：湖南大学，2016.

4.3.3 非均衡数据的处理策略

在本节的非均衡数据分类中已提出了解决非均衡数据处理问题的三种策略：第一，找出适用于非均衡数据分类预警的新方法。在非均衡数据分类预警问题的处理上，先分析现有算法的不足，然后修改这些不足之处，使这些算法能够更好地满足非均衡数据分类预警问题的要求。第二，改变非均衡数据各类别的分布。一般利用重抽样技术，减少多数类数据数量，增加少数类数据数量，使它们的比例下降。主要有欠抽样、过抽样和混合抽样等策略。第三，重新设计非均衡数据分类器性能评价指标。通过对 F-Measure、G-Mean 和 AUC-ROC 等评价指标加权和融合，改变它们对非均衡数据分类预警的评价标准。

4.3.4 重抽样技术

重抽样通过减少多数类数据数量，增加少数类数据数量，使它们的比例下降，提高少数类数据的分类预警精度[①]。重抽样主要分为欠抽样、过抽样和混合抽样三种方法。

1）欠抽样方法

欠抽样主要是减少多数类数据的数量，降低多数类数据与少数类数据的比例。当前欠抽样方法主要有：随机欠抽样（Random Under Sampling，RUS）、Tomek Links、DROP、ODR、OSS、CNN、核聚类欠抽样、主动学习欠抽样、SBC、NearMiss 等。

2）过抽样方法

过抽样主要是增加少数类数据的数量，降低多数类数据与少数类数据的比例。当前过抽样方法主要有：RO、SMOTE、BSMOTE、

① 张忠林，冯宜邦，赵中恺. 一种基于SVM的非均衡数据集过采样方法 [J]. 计算机工程与应用，2020，56（23）：220-228.

ADASYN、ALSMOTE、CE-SMOTE、CBO等。

3）混合抽样方法

混合抽样是欠抽样和过抽样的组合，它通过减少多数类数据的数量，增加少数类数据的数量，降低多数类数据与少数类数据的比例。当前混合抽样方法主要有：SMOTE+RU、SMOTE+ENN、SMOTE+Tomek Links、BSMOTE+ODR、CNN+Tomek Links等。

当前有许多种重抽样方法，但没有一种方法能够处理所有的非均衡数据预警问题。例如有用的多数类样本容易被欠抽样删除，使预警达不到期望的效果；而大量冗余的少数类数据容易在过抽样过程中产生，出现过学习[①]。因此需要根据实际情况，采用合适的非均衡数据预警方法。

4.3.5 常用的非均衡样本处理方法

利用重抽样技术改进预警模型，能更好地提高预警模型在非均衡数据下的性能，对众多的欠抽样和过抽样方法进行选择就显得尤为重要，过抽样和欠抽样方法的确定是构建非均衡样本处理方法的关键。

1）SMOTE算法

RO是过抽样最基本的方法，该方法直接复制少数类样本来均衡正负样本，但是有可能会发生过度拟合问题。人工合成少数类样本时，SMOTE算法搜索与每个少数类样本相同属性的最近邻居，并在最近邻居之间合成新的少数类样本。该方法有效地克服了RO方法有可能造成的过拟合问题。SMOTE算法对少数类样本的合成没有针对性，因为该算法无法确定少数类样本究竟是对预警模型性能有关键影响的边界样本还是噪声信息，在使用这些样本训练预警模型时，构建

---

① 罗康洋. 基于支持向量机的高维不平衡数据集分类算法及其应用研究［D］. 上海：上海工程技术大学，2020.

的预警模型有可能出现偏差。SMOTE算法步骤如下：

第一，计算每一个少数类样本 x 到其他少数类样本之间的欧几里得距离，并查找 x 的 k（一般情况 k=5）个最近邻样本，记录这些最近邻样本的下标。

第二，设 N 为向上抽样的倍率，随机在 x 的 k 个最近邻样本中选择 N 个样本，记为 y_1，y_2，…，y_n。

第三，随机在 y_i（i=1，2，…，N）与 x 之间进行线性插值，生成新的合成少数类样本 x_{new}。

$$y_i \rightarrow x_{new}=x+rand（0，1）\times（y_i-x），i=1，2，…，N \qquad (4-1)$$

其中，rand（0，1）为在 0 与 1 之间的一个随机数。

第四，将 x_{new} 添加到初始数据集中，形成新的训练集。

SMOTE 算法对不平衡数据集处理后再进行预警，有效地提高了少数类数据的预警性能。由于该算法只是在少数类样本之间进行线性插值，对少数类样本初始的密集区域和稀疏区域没有产生影响。该算法是对所有少数类样本进行统一处理，没有考虑可能存在的噪声数据和少数类样本的分布情况，很难避免噪声数据对预警造成不利的影响。由于具有分布稀疏性的边界样本可能影响少数类样本的预警效果，因此对在稀疏区域的少数类样本进行预警，其效果不理想。

2）Borderline-SMOTE算法

为了解决 SMOTE 算法存在的一些问题，在 SMOTE 算法基础上，提出了一种新的 Borderline-SMOTE 算法[①]。每个少数类样本 x 在整个数据集中搜索它的 k 个最近邻样本，依据 x 的 k 近邻中多数类样本所占的比例，将 x 的 k 个最近邻样本划分为如下 3 类：第一，正常样本。若 x 的 k 近邻中少数类样本多于多数类样本，那么 x 的 k 个最近邻样本

---

① 梁毅，吐尔地·托合提，艾斯卡尔·艾木都拉. 多层CNN特征融合及多分类器混合预测的多模态虚假信息检测［J］. 计算机工程与科学，2023，45（6）：1087-1096.

划分为正常样本。第二，边界样本。若x的k近邻中多数类样本多于少数类样本，那么x的k个最近邻样本划分为边界样本。边界样本是最容易被错分的样本，它表示少数类样本的边界。第三，噪声样本。若x的k近邻样本全部属于多数类样本，那么x的k个最近邻样本划分为噪声样本，这些样本不可合成少数类样本。

Borderline-SMOTE算法比SMOTE算法合成样本更具有针对性，主要针对容易被错分的边界样本，对被划分为边界样本的少数类样本进行过抽样，这样只需在边界附近生成新的合成少数类样本。采用Borderline-SMOTE处理非均衡样本，在一定程度上提高了少数类样本的识别率，能取得较好的效果。

3）EasyEnsemble算法

RU是最基本的欠抽样方法，该方法随机删除多数类样本，减少多数类样本数量，降低不同数据类别的比例，提高数据的平衡程度，但多数类样本在随机删除过程中可能会丢失部分重要信息。EasyEnsemble是一种改进的欠抽样算法，从多数类中随机独立地抽取若干子集，将这些子集与少数类样本组成一个比例平衡的训练集，采用Adaboost算法进行训练，最终的结果是集成了训练得到的各个分类器。该算法在不影响多数类样本预警精度情况下充分利用了多数类样本信息，解决了RU可能存在的信息丢失问题，取得了较好的非均衡数据预警效果。

5

分类算法选择

　　在特征提取和选择的基础上，为做好大学生心理健康风险预警模型中分类算法的遴选工作，本章首先介绍分类的定义、分类的流程、分类器性能的评价标准及各分类算法的比较，然后介绍和分析了几种常用的分类算法，最后阐述集成学习算法，为后续大学生心理健康风险预警模型的构建提供分类算法的选择原则、标准和策略。

5.1　分类的定义

　　分类是根据样本集中已标记的样本信息得出各样本类别的概念描述，每个样本类别的概念描述可以表示对应类别的样本信息。利用这些概念描述构建模型，可得出未知样本的类别[①]。研究分类问题时，将原始数据集划分为独立的训练集和测试集。已标记样本信息的样本集称为训练集，用于模型训练；未含标记信息的数据集称为测试集，用于评估模型的性能。测试集中每个样本除了不包含类别信息外，与训练集一致[②]。

　　设样本集合为 $D=\{d_1, d_2, \cdots, d_n\}$，样本所属类别集合为 $R=\{r_1, r_2, \cdots, r_n\}$，则 n 个样本组成训练集 $E=\{(d_1, r_1), (d_2, r_2), \cdots, (d_n, r_n)\}$。样本集合 D 中的每个样本 d_i 在类别集合 R 中都可找到对应的类别，即 $r_i=\{d_i|f(d_i)=r_i, 1\leq i\leq n, d_i\in D\}$。每个样本包含特征数目为 m，则样本特征集合 $P=\{p_1, p_2, \cdots, p_m\}$，可用一个特征向量形式化地表示每个样本。训练集是构建模型过程中的输入数据，采用选择的学习算法得到从样本集 D 到类别集合 R 的映射函数 $F: D\rightarrow R$，利用函数 F 对测试样本进行预警，测试集中每个样本的类别是预

　　① 程凤伟，王文剑，张珍珍. 面向高维小样本数据的层次子空间 ReliefF 特征选择算法 [J]. 南京大学学报（自然科学），2023，59（6）：928-936.
　　② 董晨. 基于代价敏感学习的不平衡数据挖掘算法研究 [D]. 昆明：云南财经大学，2022.

警模型的输出结果。

5.2　分类的流程

数据分类的流程一般分为数据训练阶段和数据分类阶段。

5.2.1　数据训练阶段

数据训练阶段的目的是构建模型，其流程如下：

（1）确定输入数据。将训练集作为构建模型的输入数据。

（2）分析输入数据。分析训练集样本，确保样本信息的准确性和代表性。

（3）选择分类算法。选用决策树、贝叶斯、K-近邻（KNN）、支持向量机（SVM）等分类算法。

（4）构建分类模型。根据输入的训练集和选择的算法构建模型。

5.2.2　数据分类阶段

数据分类阶段的目的是利用构建好的模型对数据进行分类。

（1）选取模型评估方法。使用模型对数据进行分类之前，需要测量和评估该模型的分类准确率，常用的方法主要有：保持方法、随机子抽样、交叉确认和自助法等。

（2）确定测试集。一般测量用的数据是从没有参与构建模型的那些数据集中随机抽取的，不可使用训练集中的数据。若采用训练集中数据，模型对这些数据会趋向于过分拟合。

（3）数据分类。在测量和评估之后，若模型的准确率符合要求，则可利用模型对未知类别的数据进行分类。对数据分类之前，使用数据清洗、去噪、特征提取和特征选择等方法对数据进行分析和处理，有效地提高分类结果的有效性和准确性。

5.3　分类性能的评价

有多种验证模型性能的方法，较为常用的主要有以下三种①：

（1）置换验证法（Resubstitution）。该方法使训练集和测试集完全一致，即数据集中所有数据作为训练集，同时又作为测试集，这种验证方式偏差较大，容易过高地评估模型的性能。

（2）重抽样法（Bootstrap）。该方法是采用数据重抽样技术从初始数据集中获取样本组成训练集，也就是从初始数据集中随机抽取的样本和初始数据集中的样本共同构成训练集。其优点是尽可能地降低初始样本数据中噪声数据出现的概率；缺点是消耗的计算资源比较多。

（3）交叉验证法（Cross-Validation，CV）。该方法是验证模型性能使用最多的方法之一，是一种验证模型分类结果和评估模型性能的统计分析方法，以期获得一个性能可靠稳定的预警模型。其基本思想是：第一，原始数据分成训练集（Train Set）和验证集（Validation Set）或称为测试集（Test Set）两组；第二，模型使用训练集数据进行训练；第三，训练得到的模型采用验证集进行测试，根据测试的结果来评价模型的性能。该方法包括如下三种方式：

① 保留法验证（Holdout）。该方式指从初始样本集中随机抽取部分数据作为训练集，用于构建预警模型。样本集中剩余的数据作为测试集，测试集与训练集相互独立。训练集主要对分类算法进行训练，

① 程凤伟，王文剑，张珍珍. 面向高维小样本数据的层次子空间 ReliefF 特征选择算法 [J]. 南京大学学报（自然科学），2023，59（6）：928-936.

测试集对构建的模型性能进行验证。选择的测试集数据一般少于初始样本的三分之一。

②k折交叉验证（k-fold Cross Validation）。该方式把初始样本集等分为k个子样本集，每次从k个子样本集中选择1个子样本集当测试集；用剩余的样本训练模型，重复k次进行交叉验证，对分类错误的次数与初始样本规模的比例进行统计，将统计结果作为分类误差。优点是可以重复使用随机产生的k个相同子样本集对模型进行训练和测试，每次可验证结果一次，能验证k次。

③留一交叉验证（Leave-one-out Cross Validation，LOOCV）。该方式指测试集每次只选取初始样本集中某一个样本，而训练集由剩余的样本组成；重复运行，直到初始样本集中每个样本都被抽取一次当作测试集，则停止验证。其优点是每次验证时仅采用一条记录组成验证集，但是训练集的数据量和预警模型训练的次数应尽量大，这样训练记录能够有效地对整个样本集进行覆盖；缺点是整个预警模型需要重复进行N次训练，因此模型整个训练过程的计算量较大。

5.4 常用的分类算法

目前主要有统计、机器学习和神经网络等分类算法。统计方法主要有朴素贝叶斯（NB）、K-近邻（KNN）和基于案例的学习[1]等；机器学习方法主要有逻辑回归、决策树和支持向量机（SVM）等；神经网络方法主要有BP算法、非线性的判别函数[2]等；也可以用粗糙集等方法来构建分类器。下面介绍几种常用的主要分类算法。

① 郭梦影，孙振宇，朱好晴，等. 基于超级参数调整的网络表示学习算法性能公平比较框架 [J]. 计算机学报，2022，45（5）：897-917.
② 乐明明. 数据挖掘分类算法的研究和应用 [D]. 成都：电子科技大学，2017.

5.4.1　决策树

该方法采用贪婪策略自顶向下的迭代方式进行构建，每次迭代时选择某个好的分类特征对当前节点进行分割。选择分割点的条件是以当前纯度差最大为标准，主要有熵、Gini 不纯度和错误率等 3 种方法量化纯度。若该分类特征能把数据集中所有数据进行很"纯"的分类，即同类的样本较多，则该分类特征为好的分类特征。决策树有 3 个基本元素：第一，根节点；第二，内部节点；第三，叶子节点。数据分类时，根据决策树的结构对数据集中数据特征进行测试，数据归属类别的预警结果就是从根节点到叶节点的一条路径。决策树广泛应用于预警和规则提取等领域，是一种重要的分类技术。

基于决策树的分类算法有多种，它们的构建过程相同，区别在于不同算法选择分割点的依据不同，即选择的分类特征不同。下面介绍几种常见的决策树算法[1]。

1）ID3

该算法的输入数据是一组带有类别标记样本的训练集，输出结果是一棵多叉树，在树的各分支节点上选取对数据分类最优的特征，最大信息熵增益是数据的最优分类标准。

信息熵是度量信息的一种方式，信息熵越大表示信息不确定度越大。设 D 为样本集，样本属性有 n 个不同的值：a_i（i=1，2，…，n），类别 r_i 的数量是 $|r_i|$，D 的样本数量为 $|D|$，则 D 的信息熵定义如下：

$$P_i = \frac{|r_i|}{|D|}, \quad Entropy(D) = -\sum_{i=1}^{n} P_i \log_2(P_i) \tag{5-1}$$

式（5-1）中 P_i 为样本集中任意样本归属类别 r_i 的概率。设样本集 D 中的样本根据特征属性 F 划分，F 有 m 个不同的值，则 D 可划分

---

① 张海燕，刘岩，马丽萌，等. 决策树算法的比较与应用研究 [J]. 华北电力技术，2017（6）：42-47.

为 m 个子集 $\{D_1, D_2, \cdots, D_m\}$，第 j 个子集 D_j 的信息熵加权计算公式如式（5-2）所示。

$$Entropy_f(D) = -\sum_{j=1}^{n} \frac{|D_j|}{|D|} \times Entropy(D_j) \qquad (5-2)$$

信息增益表示样本集 D 划分前后信息熵的变化，是 D 分裂度量的标准。信息增益在特征属性 F 下的定义如式（5-3）所示。

$$Gain(D, F) = Entropy(D) - Entropy_f(D) \qquad (5-3)$$

$Entropy_f(D)$ 越小则 $Gain(D, F)$ 越大，表示 ID3 对样本集 D 分类的性能越强。ID3 是一种自顶向下的贪婪算法，有效地降低 D 的分类次数，最大可能地生成一棵深度较浅的决策树。

（1）ID3算法优点

该算法速度快，没有无解现象，完全使用训练数据来抵抗噪声。

（2）ID3算法缺点

选择最佳属性时，信息增益偏好取值数目较多的与实际不符的属性；学习能力不强，易导致变化的数据集分类错误；只能对离散属性进行处理，不能处理连续的特征值；该算法没有剪枝策略，它生成的树分得过小，条件考虑得太细，易导致过拟合。

2）C4.5

该算法在 ID3 基础上主要从以下四个方面进行了改进。第一，以信息增益率作为分类标准，在信息增益的基础上信息增益率对属性进行惩罚，对取值较多的属性进行抑制，泛化性能得到增强。第二，能够对连续的数据进行处理，先进行排序，然后切分，导致多次顺序检查和排序，算法效率较低。第三，能够对属性缺失的数据进行处理，通常有3种方式：① 给缺失属性赋予最常见的值；② 依据节点上样例属性值出现的情况，给缺失属性赋予一个概率；③ 删除有缺失属性的数据。第四，采用后置剪枝方式，将不能产生大量信息增益的相邻叶节点进行合并，解决了过拟合问题。

设训练集为E，其样本分别归属于n个类别$\{r_1, r_2, \cdots, r_n\}$，E分为n个子集$\{E_1, E_2, \cdots, E_n\}$，定义$RE(r_i, E)$为E中归属类别$r_i$的样本数量，$|E|$表示E中样本的总数。利用信息熵来确定需要检验属性的标准，则E的信息熵如式（5-4）所示。

$$\text{Entropy}(E) = -\sum_{i=1}^{n}\left(\frac{RE(r_i, E)}{|E|} \times \log b\left(\frac{RE(r_i, E)}{|E|}\right)\right) \tag{5-4}$$

训练集E假设有k种属性，属性集$A = \{a_1, a_2, \cdots, a_k\}$。在E中每种属性存在的检验分支个数分别为$\{e_1, e_2, \cdots, e_k\}$，$a_i \in \{a_1, a_2, \cdots, a_k\}$，$E_{a_i} \subset E$，$E_{a_i}$是满足$a_i$检验值取第j个值的记录，则得出下式：

$$\text{Entropy}_{a_i}(E) = -\sum_{j=1}^{e_i}\left(\left(\frac{\left|E_{a_{ij}}\right|}{E}\right) \times \text{Entropy}(E_{a_{ij}})\right) \tag{5-5}$$

（1）C4.5算法的优点

在数据分类预警中，C4.5具有准确度高和良好的鲁棒性。分类精度高，生成的规则容易解释。既可对连续型属性进行处理，又可解决样本属性空缺的问题，构建的决策树具有较少的分枝。

（2）C4.5算法的缺点

构建的决策树是多叉树，决策树的构建过程中，需对样本集进行多次顺序检查和排序，算法效率较低。C4.5依旧属于没有考虑属性之间关系的单变量决策树系统。

3）分类回归树（Classification and Regression Tree，CART）

该算法是一种既能对数据分类又能执行回归的回归树算法，它既能处理离散数据又能处理连续数据。若数据是离散的，则是分类树；

若数据是连续的，则是回归树。

回归树采用最小剩余方差划分准则，划分后的子树具有最小的误差方差。分类树以 Gini 指数为标准选择划分属性，优先划分属性是在所有候选划分属性中划分后 Gini 指数最小的属性。对于一个数据集 D，其 Gini 指数计算公式如下：

$$Gini(D) = 1 - \sum_{j=1}^{m} p_j(C) \tag{5-6}$$

式（5-6）中 m 表示类别数，$p_j(C)$ 表示数据样本属于类别 C 的概率。集合 D 根据特征 f 是否取某一可能值 r 被分割为 D_1 和 D_2 两部分，如式（5-7）所示。

$$D_1 = \{(x, y) \in D | f(x) = r\}, \quad D_2 = D - D_1 \tag{5-7}$$

将特征 f 作为判别条件时，Gini 指数计算公式如下：

$$Gini(D, f) = \left|\frac{D_1}{D}\right| Gini(D_1) + \left|\frac{D_2}{D}\right| Gini(D_2) \tag{5-8}$$

式（5-8）中，Gini(D) 表示集合 D 的不确定性，Gini(D, f) 表示经 f(x) = r 分割后集合 D 的不确定性。Gini 越大则集合 D 的不确定性越高。

CART 算法生成一棵二叉树，若训练集中数据的类别多于 2 个，则 CART 采取双化的方法，即创建二取值序列，将多个类别合并成 2 个超类别。

（1）CART算法的优点

无须替换缺失值，自动处理缺失值，并可处理孤立点。通过成本复杂的自动剪枝生成归纳性更强的树。可判断变量不同属性的重要性，自动避开无贡献的属性。适合分类、二分类数据，处理越复杂的数据，它的性能就越好。

（2）CART算法的缺点

适合分析数量大的样本，处理较小数量的样本集时不稳定。不适用于离散特征有多个取值的数据。

4）随机森林（Random Forest，RF）

由于ID3、C4.5和分类回归树等算法存在精度不高、易产生过拟合等问题，可聚集多个决策树来提高预警精度，随机森林采取了该方法。随机森林由多棵随机成长的决策树组成，决策树是随机森林算法的基本单元。每棵决策树对数据处理的结果进行投票，随机森林算法输出的结果是选择投票次数最多的类别。采用随机森林处理数据得到的结果优于任意单一决策树的结果。

随机森林具有以下两个特点：第一，训练集随机选取。每棵决策树的训练集是随机的，而且采取了有放回的方法，体现了不同决策树训练集的差异性，也确保了不同决策树训练集含有重复的训练样本。第二，特征属性随机选取。随机选取不同决策树训练集样本的特征属性的个数。

（1）随机森林算法的优点

该算法能够在没有剪枝的情况下避免过拟合问题，对噪声和异常值具有较好的容忍性；能够对大数据集进行有效分类，准确率高；能够对各个特征在数据分类方面的重要性进行评估；能够取得在其生成过程中无偏估计的内部生产误差等；对高维数据的处理具有良好的可扩展性和并行性。

（2）随机森林算法的缺点

因聚集了多棵决策树，无法了解起重要作用的具体变量，解释性欠佳。

5.4.2 朴素贝叶斯分类算法

假设样本集中类别之间的属性相互独立、互不影响，朴素贝叶斯分类算法（NB）计算待分类数据归属不同类别的概率，然后将待分类数据归属到概率最大的类。

在样本集中假设存在 m 个类 $R = \{r_1, r_2, \cdots, r_m\}$，d 为待分类的样本，NB 的定义如下：

$$P(r_i|d) > P(r_j|d) \Leftrightarrow d \in r_i \tag{5-9}$$

式（5-9）中，$1 \leqslant i \leqslant m$，$1 \leqslant j \leqslant m$，$i \neq j$，该算法将待分类的样本 d 归属到具有最高后验概率的类 r_i。该算法是一个树状的贝叶斯网结构，包含类变量 r_i 的根节点和表示属性 $\{a_1, a_2, \cdots, a_n\}$ 的叶节点，其中属性 $\{a_1, a_2, ..., a_n\}$ 之间互相独立。

1）实现过程

该算法实现步骤如下：

步骤 1，样本集中每个样本的 n 个属性用 n 维特征向量 $A = \{a_1, a_2, \cdots, a_n\}$ 表示。

步骤 2，根据式（5-9）得出式（5-10）。

$$P(r_i|d) = \frac{P(d|r_i)P(r_i)}{P(d)} \tag{5-10}$$

若训练集确定，则 $P(d)$ 是与类别无关的常数；若 $P(d|r_i)P(r_i)$ 最大化，则可实现 $P(r_i|d)$ 最大化。计算 r_i 中训练样本数占训练样本总数的比例得到 $P(r_i)$。若 $P(r_i)$ 无法求出，则设置 $P(r_i)$ 都是相等的。因已设定类条件具有独立性，可得式（5-11）。

$$P(d|r_i) = \prod_{k=1}^{n} P(d_k|r_i) \tag{5-11}$$

式（5-11）中，d_k 表示属性 a_k 的值。$P(d_k|r_i)$ 的计算方法分两种情况：第一，a_k 是离散型。$P(d_k|r_i)$ 等于属性值为 d_k 的属性 a_k 在类 r_i 中样本数占类 r_i 中样本总数的比重。第二，a_k 是连续型。离散化处理 a_k，设 a_k 服从高斯分布 $g(x, \mu, \sigma)$；其中 σ 为标准差，μ 为平均值，则 $P(d_k|r_i) = g(d_k, \mu_{r_i}, \sigma_{r_i})$，采用拉普拉斯校准来规避 $P(d_k|r_i)$ 的概率等于零，其计算公式如式（5-12）所示。

$$P(d_k|r_i) = \frac{|d_k| + 1}{|r_i| + q} \tag{5-12}$$

式（5-12）中，$|d_k|$ 是属性值为 d_k 的属性 a_k 在类 r_i 中的样本数，$|r_i|$ 表示类别为 r_i 的样本数，q 表示 a_k 的取值个数。

步骤 3，根据步骤 1 的分析，计算每个 r_i 的 $P(d|r_i)P(r_i)$ 值，将待分类样本 d 分配给使 $P(d|r_i)P(r_i)$ 最大的类 r_i。

其中，训练阶段由步骤 1 和步骤 2 完成，分类阶段由步骤 3 完成。

2）朴素贝叶斯分类算法的优点

该算法原理简单，分类效率高，扩展性强。以概率计算为主，计算代价小，复杂度较小，处理较容易。在实际应用中有较好的分类精度，稳定性较好。

3）朴素贝叶斯分类算法的缺点

该算法以类之间相互独立为前提，但在实际中这种情况基本没有，若数据集中有高度相关的数据，将会有较差的分类效果。由于相关的概率先从训练集中计算得出，训练集对该算法的最终分类效果有较大影响；若训练集存在噪声数据，那么最终的分类效果可能会受到影响；若训练集过小，则存在很大的分类偶然性，不能保证分类结果的准确性[1]。若对大数据进行处理，该算法会因计算开销巨大而无法满足要求。

5.4.3　K-近邻算法

K-近邻（KNN）算法在机器学习领域应用非常广泛，是在最近邻算法基础上进行了扩展的一种基于距离和实例的非参数方法。当 k =1 时，它就是最近邻算法。

---

① 刘兆伦，张春兰，武尤，等．一种增量式贝叶斯算法及篦冷机故障诊断 [J]．中国机械工程，2019，30（10）：1163-1171．

设样本集 D 中样本 d_i 有 n 个属性，即 $d_i = \{d_{i1}, d_{i2}, \cdots, d_{in}\}$，$E = \{e_1, e_2, \cdots, e_n\}$ 为待分类的样本，E 与样本集 D 中其他样本之间的相似度使用欧几里得距离计算，如式（5-13）所示。

$$\text{dist}(d_i, E) = \sqrt{\sum_{j=1}^{n}(d_{ij} - e_j)^2} \tag{5-13}$$

根据 k 值计算出在欧几里得距离中最小的 k 个值，得到与待分类的样本 E 最相似的 k 个样本。根据这 k 个样本，统计出 m 个类 $R = \{r_1, r_2, \cdots, r_m\}$，$r_j(1 \leq j \leq m)$ 对应的样本数为 k_j，最终的决策函数的定义如式（5-14）所示。

$$f(d) = k_i, \quad i = 1, 2, \cdots, m \tag{5-14}$$

若 $f(d) = \max k_j$，则待分类的样本 E 的类为 r_j。

1）KNN 算法的优点

该算法基本思想简单直观，易于理解并便于实现；不必事先了解样本的分布函数，不需要先验知识；对数值型数据分类的精度较高；对变化的样本集有较大的优势，重新训练的代价较小；在类与类之间有重叠时分类的效果比其他算法好。

2）KNN 算法的缺点

该算法对非均衡数据分类时分类的结果易于偏向比重较大的类别，噪声数据对 KNN 算法容易产生影响；对 k 的取值敏感，需要谨慎地选择 k 值，该算法对样本集容量的依赖比较强。该算法虽然本身易于理解，但最后的分类结果解释性差；对大样本集分类时，计算的开销也很大。

5.4.4 支持向量机算法

支持向量机（SVM）算法是以统计理论中 VC 维理论和结构风险

最小化理论为基础的机器学习算法[①]，广泛应用于文本分类与检索、语音图像识别及安全等领域。

设训练集 E 中样本为 $\{d_i, y_i\}$，$i = 1, 2, \cdots, m$，$y_i \in \{1, -1\}$，其中 d_i 为未分类的样本，若 d_i 归属第 1 类，则 $y_i=1$；若 d_i 归属第 2 类，则 $y_i=-1$。

将 SVM 算法分成 3 种情况对数据进行分类：第一，数据线性可分。这是指可用一个线性函数完全地将两个类别进行分类。第二，数据部分线性不可分。由于实际应用中数据集有噪声数据或其他特殊数据，部分数据无法线性可分，不可能找出一个线性函数使两个类别完全分开。第三，数据非线性可分。线性可分简单易解，但在实际中线性函数无法满足许多非线性数据的分类要求，若仍然采用线性函数对非线性数据进行分类，那么 SVM 的泛化能力将较弱。此时需扩展线性的 SVM 方法，将非线性数据映射到更高维的希尔伯特空间，再在该高维空间内采用 SVM 算法将会取得较好的效果。

1）SVM 算法的优点

该算法以结构风险最小化为基础，泛化能力非常优秀；最终的分类决策仅与支持向量相关，计算的复杂度仅与支持向量相关，避免了高维数据的"维度灾难"，有效地解决了高维度数据的问题，SVM 的鲁棒性也得到增强。该算法结构非常简单易懂，与一般的算法相比，分类精度更高。通过引入核函数，SVM 算法可以将非线性数据映射到高维空间中，再利用线性函数对非线性数据进行分类，不需要对非线性映射函数 Φ（x）进行了解；对小样本数据集分类的效果很好；最终结果是全局最优结果，避免了局部极小点与神经网络结构选择的问题。

---

① 黄刚，李正杰. 基于 Hadoop 平台的 SVM-WNB 分类算法的研究 [J]. 计算机应用研究，2016，33（11）：3215-3218.

2）SVM算法的缺点

在最优分类超平面附近SVM算法容易发生分类错误，影响了最优分类超平面附近数据的分类效果；数据集中时SVM算法对缺失的数据比较敏感；非线性数据分类问题还没有一种通用的方法来解决，在数据分类时需要选择合适的核函数来解决非线性数据分类问题；在样本集过大时，SVM算法计算代价明显增加，分类的精确度随之降低。

5.4.5 逻辑回归

逻辑回归能解决分类变量作为因变量的问题，以极大似然估计来估算回归系数，自变量可以连续也可以离散，一般应用于数据挖掘、预测预警等领域[①]。

设 $E=\{(a_1, r_1), (a_2, r_2), \cdots, (a_n, r_n)\}$ 为训练集，$a_i=(a_{i1}, \cdots, a_{ik})^T$，其中 $R=\{r_1, r_2, \cdots, r_n\}$ 为分类变量集，$A=\{a_1, a_2, \cdots, a_n\}$ 为属性集。对于二分类问题，$R=1$ 的概率为 $p=P(R=1|a)$，$R=0$ 的概率为 $1-p=P(R=0|a)=1-P(R=1|a)$。$\dfrac{p}{1-p}$ 取自然对数 $\ln\left(\dfrac{p}{1-p}\right)$ 作因变量，建立二分类逻辑回归方程如下：

$$\ln\left(\frac{p}{1-p}\right) = \beta_0 + \sum_{j=1}^{k}\beta_j a_{ij} + \varepsilon_i, \ i = 1, 2, \cdots, n \qquad (5-15)$$

对式（5-15）进行线性变换，如式（5-16）所示。

$$p = P(R=1|a) = \frac{\exp(\beta_0 + \beta_1 a_1 + \cdots + \beta_k a_k)}{1 + \exp(\beta_0 + \beta_1 a_1 + \cdots + \beta_k a_k)} \qquad (5-16)$$

式（5-16）中，β_0 为常数项，$\{\beta_1, \cdots, \beta_k\}$ 为回归系数。

该算法的优点是简单，易于实现，在分类预警时计算量小，效率

---

① 何方. 基于集成学习和公平分类的多阶段信用评估模型研究［D］. 杭州：浙江财经大学，2023.

高，存储资源少；其缺点是易于欠拟合，一般准确度较低。

5.4.6 分类算法的比较

1）比较的依据

当前分类算法较多，可依据以下几种因素来对比不同分类算法。

（1）准确率。准确率代表了模型对待分类数据处理的准确程度。可采用没有参加构建模型的数据集对准确率进行评估。常用方法有 k 折交叉验证、自助法等。由于计算准确率仅仅是估计，因此可用计算出的置信区间来约束估计。SVM 在对已有数据的依赖性、预警结果准确率、处理数据的稳定性方面，比其他分类算法具有较好的优势。因此，当解决实际问题时，若样本量相对较少，采用 SVM 的效果好。

（2）速度。速度表示模型的计算开销。若数据量大，CART 在计算速度、预警结果的可解释性方面较优于其他分类算法。因此，CART 处理大数据的效率好。

（3）复杂度。分类算法有时间复杂度和空间复杂度，这些复杂度严重地影响了分类的效率和准确性。SVM 复杂度较小于其他方法，NB 复杂度较高。

（4）鲁棒性。数据集中有噪声数据或数据存在缺失值，鲁棒性指分类算法能够对这些数据进行正确分类预警的能力。数据集缺失值较多时，NB 处理的效果优于其他方法。因此，数据集有大量缺失值时，NB 预警效果好。

（5）可伸缩性。由于一般算法驻留内存，只能处理比较小的数据集。可伸缩性指在处理大数据时能否构造出有效的模型。CART 具有较好的可伸缩性。

（6）可解释性。方法越简单越有利于解释。LR、CART和NB在稳定性和处理结果的可解释性方面优于其他方法。因此，要求提高预警结果的可读性和可解释性时，LR、CART和NB效果好，这三种方法适合组合预警。

2）常用分类算法的比较

解决实际问题时，根据不同数据集特点和不同分类算法的适用条件，应充分发挥各分类算法的优势，避其缺点，达到理想的预警效果。通过文献调研①和实验分析，常用分类算法的比较如下：

（1）准确率比较。根据预警结果的准确率，采用SVM预警一定范围内数据的准确率最高，CART次之。由于NB是以数据属性之间相互独立为前提条件，但在实际中除文本分类外数据属性之间或多或少存在关联，这些因素在一定程度上影响了预警的准确率，NB预警的准确率相对较差。若注重预警结果的准确率，采用SVM会得到最好的预警效果。

（2）速度与可伸缩性比较。在计算速度方面，CART最快，LR次之，SVM最慢。因此，在解决实际问题时，若数据量比较大，需要较高的计算开销，则CART效率优于其他方法。

（3）复杂度比较。若数据量保持在一定范围内，随着数据量的增加，分类算法的预警效果和稳定性应越来越好。其中，SVM对已有数据的依赖性最弱，CART次之，NB相对最差。因此，在解决实际问题时，若在一定范围内已有数据相对较少，采用SVM将得到最好的预警效果。

（4）鲁棒性比较。根据各方法处理数据集中数据缺失值较多的效果，NB在准确率和稳定性方面优于SVM、LR和CART。因此，NB比

---

① 芦思雨. 数据挖掘中分类算法的比较分析［D］. 天津：天津财经大学，2016.

其他分类算法在处理数据缺失值较多的数据集时能力更强。在解决实际问题时，若数据集中有较多的数据缺失值，采用NB处理得到的效果最好。

（5）可解释性比较。根据各方法预警结果的可解释性，训练后的CART以树状结构表示生成的函数，有利于用户对预警结果的理解，增强了CART的可读性与可解释性。LR同样对所得结果具有较强的可读性和可解释性。NB能够根据计算出的概率估计值进行分类预警，为预警结果的准确性提供有力的概率支撑。SVM通过黑箱算法进行预警，可解释性较差。因此，在解决实际问题时，若强调预警结果的可解释性和可读性，采用CART较为理想。

本书强调模型对实践的指导意义，主要采用可读性与可解释性较强的分类算法，如CART、NB、LR等，而神经网络、SVM等主要起参考作用。

5.5 集成学习算法

集成学习算法是集成多种分类算法，对某个研究问题共同进行分类预警，因此它能够提高算法的精确度，增强稳定性[1]。

5.5.1 集成学习算法原理

集成学习算法对数据分类时，首先根据训练集对分类器进行多次学习训练，其次生成相互独立的多个弱分类器，最后将这些弱分类器通过一定的方式巧妙组合起来成为最终分类器。集成学习算法对数据分类的效果优于单分类器，其基本原理如图5-1所示。

---

[1] 高岩. 基于特征选择与集成学习模型的网络钓鱼检测研究 [D]. 长春：吉林大学，2022.

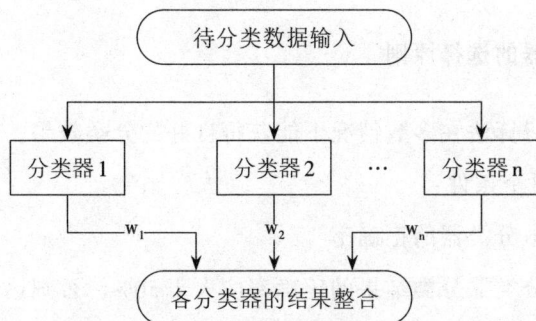

图 5-1　集成学习算法的基本原理

5.5.2　集成学习算法的分类

集成学习算法依据基本分类器的类别分为如下两大类。

（1）同态集成学习

同态集成学习是指多次训练同一类基本分类器，生成多个不同的弱分类器，这些弱分类器之间的参数不完全相同。AdaBoost是同态集成学习中最经典的一种算法，同态集成学习中常用的基本分类器主要有朴素贝叶斯分类算法、决策树分类算法、K-近邻分类算法、人工神经网络分类算法等。

（2）异态集成学习

异态集成学习是指训练不同类别的基本分类器，生成多个分类模型，再集成这些分类模型，构建异态集成分类器。异态集成学习有两个主要的代表方法：①元学习法。该方法是先对某个元分类器进行训练，再利用该元分类器对剩下的各基本分类器进行处理，获得最终结果；元学习法主要有Boosting和Bagging等。②叠加法。该方法是在多个层次上对基本分类器进行布置，每一层基本分类器的分类结果作为下一层基本分类器的输入，通过多层的训练实现基本分类器集成，生成最终的分类结果。

5.5.3 分类器的选择原则

集成学习算法在多数情况下能获得良好的分类效果，但其有效性需满足以下3个条件：

（1）基本分类器的正确率

各基本分类器分类结果的正确率应大于50%，否则达不到理想的集成效果，有时反而造成分类结果的精度下降[①]。

（2）基本分类器的差异性

基本分类器的多样性是评价集成学习优劣的一个重要标准，因此各基本分类器的差异性应尽可能大。

（3）基本分类器的数量限制

基本分类器的数量不能过多，否则有可能增加集成学习的错误率。

5.5.4 分类器的融合方式

在集成学习过程中，最终的决策是将每个弱分类器的分类结果融合起来，目前常用的融合方法主要有如下3种：

（1）Stacking策略

Stacking策略是再次训练分类结果，并再次分类，而不是简单组合各基本分类器的分类结果。Stacking策略有两级，将第一级基本分类器的输出结果作为第二级的输入，第二级基本分类器输出的分类结果作为集成学习分类器的最终结果。

（2）简单投票法

该方法的思想是对所有基本分类器的分类结果进行投票，根据投

---

① 李淑，覃娴萍，翟晓童，等. 神经网络结构自适应研究综述 [J]. 模式识别与人工智能，2023，36（12）：1087-1103.

票情况确定最终分类。该方法采取少数服从多数的思想，每个基本分类器采用相同的样本集进行训练和分类，选择数量最大的预警类别作为集成后的预警类别。

（3）贝叶斯投票法

该方法改进了简单投票法，更加符合实际情况。其基本思想是，先根据各基本分类器的分类准确率设置相应的权重，准确率越高，其权重越大，再按照各分类器的权重进行投票。

5.5.5 经典的集成学习算法

目前最经典且最具有代表性的集成学习算法有 Bagging 方法和 Boosting 方法，简要介绍如下：

（1）Bagging 集成学习方法

该方法首先多次对样本集进行可重复取样来确定训练样本；然后给各基本分类器构造一个训练集，该训练集与初始训练集的样本相同，但样本出现的频率不同；再根据这些训练集生成不同的弱分类器。Bootstrap 采用有放回的数据重抽样方法对初始训练样本进行抽样[①]。

设数据集为 $D = \{d_1, d_2, \cdots, d_n\}$，Bagging 利用可重复取样法得到 m 个相互独立的训练集，用这 m 个训练集对基本分类器进行 m 次训练，生成 m 个不同的分类模型 $R = \{r_1, r_2, \cdots, r_m\}$，这 m 个分类模型对样本进行分类，由 m 个分类器投票确定分类的最后结果。Bagging 主要采用可重复取样法得到不同的训练样本，增加了集成学习中弱分类器的差异性，提高了分类结果的精度。

---

① 徐丹丹. 基于深度学习的短期风功预测建模与地基云图分类方法研究 [D]. 镇江：江苏科技大学，2023.

（2）Boosting集成学习方法

该方法与Bagging的区别在于选取训练集的方法不同，其余类似。Boosting以错误分类的样本为焦点，通过加强对这些样本的学习来生成新的分类器。

Boosting首先在样本集中抽样，确定训练样本；然后给各训练样本赋予相同的权重；接着开始训练第一个基本分类器，利用该弱分类器进行分类测试；再根据测试结果，增加测试样本中分类错误的样本权重，缩小分类正确的样本权重，将这些权重调整后的样本构成一组新的训练样本，利用这些新的训练样本对第二个基本分类器进行训练；依次重复，最终获得分类精度满足要求的分类器。

通过以上分析，本书采用加权投票法集成分类决策树、简单贝叶斯和Logistic，结合学生特征，构建大学生心理健康风险预警模型。

6

风险预警模型选择

根据学生特征和预警方法，本章探讨了大学生心理健康风险预警模型的选择，为后续构建"Hadoop下大学生心理健康风险预警组合模型"提供思路。首先，介绍预警模型评估与选择方法，阐述基本预警模型的类别；其次，分析组合预警模型构建的基本思想、拓扑结构及类型，并讨论了组合预警模型中各基本模型的选择方法；最后，探讨了投票式组合预警模型的思想、构建步骤及组合方法，并选用加权投票式组合预警模型来预警大学生心理健康风险。

6.1 模型评估与选择方法

模型的评估与选择方法主要有经验误差与过拟合、评估方法、性能度量、比较检验和偏差与方差等。

6.1.1 经验误差与过拟合

模型预警结果与样本真实情况之间的差异被称为误差（Error）。模型在训练集上的误差被称为训练误差（Training Error）/经验误差（Empirical Error）。训练集的补集误差被称为泛化误差（Generalization Error），即模型在新样本上的误差，也就是实际测试的误差，实际上是希望得到泛化误差小的模型。样本集的样本总数为 M，模型预警错误的样本个数为 a，错误率（Error Rate）和精度（Accuracy）的计算如下：

（1）错误率

预警模型中，预警错误的样本个数占样本集中样本总数的比例称为错误率，如式（6-1）所示。

$$E = \frac{a}{M} \times 100\% \tag{6-1}$$

（2）精度

预警正确的样本个数占样本集中样本总数的比例称为精度，错误率与精度之和为1，如式（6-2）所示。

$$acc = 1 - E \tag{6-2}$$

（3）过拟合

若模型训练过度，则训练误差降到最小，导致泛化能力下降（即模型训练样本的结果很好），但是测试的效果不好。在实际中，若存在 $E = 0$ 或 $acc = 100\%$，则该模型过拟合了。

（4）欠拟合

欠拟合指没有获得训练样本的一般规律，结果与过拟合相反。过拟合是 NP 问题，训练模型时应统筹好过拟合与欠拟合之间的关系，例如决策树中通过扩展分支和神经网络学习中通过增加训练轮数等来解决欠拟合问题。

6.1.2 评估方法

样本集分为训练集和测试集，测试集与训练集应尽量互斥，便于评估预警模型的泛化能力。测试集用于测试预警模型对新样本的识别能力，评估模型的泛化误差。设样本集 $D = \left\{ \left(x_1, y_1 \right), \left(x_2, y_2 \right), \cdots, \left(x_m, y_m \right) \right\}$ 有 m 个样本，可采用以下方法划分训练集 S 与测试集 T。

（1）保留法

直接将样本集 D 划分为训练集 S 和测试集 T 两个互斥的集合，如式（6-3）所示。用训练集 S 对模型进行训练，用测试集 T 计算模型的测试误差，用于评估模型的泛化误差，训练集中样本通常占总样本的比例为三分之二到五分之四。评估模型时，测试集小，则评估结果方差较大；训练集小，则评估结果偏差大。

$$D = S \cup T, \ S \cap T = \varphi \qquad\qquad (6-3)$$

（2）交叉验证法

将样本集划分为 k 个大小相似并互斥的子集，各子集的样本分布尽量保持一致。训练模型时，训练集由 k－1 个子集组成，留下的一个为测试集，依次对模型进行训练和测试，稳定性和保真性在很大程度上取决于 k，评估模型的结果是 k 个测试结果的平均值。该方法又称为 k 折交叉验证，如式（6-4）所示。

$$D = D_1 \cup D_2 \cup \cdots \cup D_k, \ D_i \cap D_j = \varphi, \ i \neq j \qquad\qquad (6-4)$$

（3）留一法

该方法是交叉验证法的一个特例，k 为样本集 D 的样本个数，即 $k = |D|$，如式（6-5）所示。评估模型时，只使用一个样本作为测试集，其余全部作为训练集。该方法评估模型的结果最接近训练整个测试集的期望值，但计算成本过高。

$$D = D_1 \cup D_2 \cup \cdots \cup D_k, \ D_i \cup D_j = \varphi(i \neq j), \ k = |D| \qquad\qquad (6-5)$$

（4）自助法

该方法以自助抽样为基础，每次从样本集 D 中随机选择一个样本复制到样本集 D_1，再将该样本返还给 D，该样本有可能被多次重复抽样；对 D 重复抽样 m 次得到有 m 个样本的样本集 D_1。在 m 次抽样中，样本没有被抽样的概率为 $\left(1 - \dfrac{1}{m}\right)^m$，如式（6-6）所示。

$$\lim_{m \to \infty} \left(1 - \frac{1}{m}\right)^m = \frac{1}{e} \approx 0.368 \qquad\qquad (6-6)$$

式（6-6）中，初始样本集约有 36.8% 的样本未被抽样，该方法适用于小规模的训练集。交叉验证法和留一法都留有部分样本用于测试模型，训练模型的训练集小于样本集 D，处理小规模样本时容易出现偏差，导致欠拟合，而自助法可以解决此问题。

（5）调整参数与确定最终模型

模型配置的参数不同，训练该模型得到的性能将有较大的差别。评估和选择模型，需设置模型参数，通过训练生成候选模型。确定学习算法和参数配置后，再用整个样本集重新训练模型，此时样本集划分为三个集合：①训练集，用于训练估计模型；②验证集，用于调整模型参数；③测试集，用于估算模型泛化性能。

6.1.3 性能度量

判断预警模型泛化能力的评价标准是性能度量，将模型预警结果与真实值进行比较和评价。

1）回归分析

设样本集 $D = \{(x_1, y_1), (x_2, y_2), \cdots, (x_m, y_m)\}$，有 m 个样本，其中样本的真实值为 y，比较模型预警值 $f(x)$ 与样本的真实值 y 来评估模型性能。

（1）均方误差

$$MSE(f ; D) = \frac{1}{m} \sum_{i=1}^{m} (f(x_i) - y_i)^2 \qquad (6-7)$$

（2）错误率

$$E(f ; D) = \frac{1}{m} \sum_{i=1}^{m} (f(x_i) \neq y_i) \qquad (6-8)$$

（3）精度

$$acc(f ; D) = \frac{1}{m} \sum_{i=1}^{m} (f(x_i) = y_i) = 1 - E(f ; D) \qquad (6-9)$$

2）分类算法

错误率只能评估模型预警错误的样本数量，并不能评估预警正确的样本与实际真实样本的比例。设样本总数为 $|D|$，混淆矩阵见表6-1，真实值用行表示，预警值用列表示。预警结果为正样本且实际为正样

本用TP表示，预警结果为负样本但实际为正样本用FN表示，预警结果为正样本但实际为负样本用FP表示，预警结果为负样本且实际为负样本用TN表示[①]。

表6-1 混淆矩阵

真实情况	预警结果	
	正样本	负样本
正样本	TP	FN
负样本	FP	TN

（1）TP与（TP+FN）的比例，即真正率，如式（6-10）所示。

$$TP\,rate = \frac{TP}{TP + FN} \tag{6-10}$$

（2）TP与（TP+FP）的比例，即精确率，如式（6-11）所示。

$$Precision = \frac{TP}{TP + FP} \tag{6-11}$$

一般情况下，精确率与真正率相反，即真正率高精确率就低，真正率低精确率就高。可利用P-R曲线来计算它们的平衡值，通常采用F1对它们进行衡量。

（3）F1是对精确率和真正率进行调和平均，如式（6-12）所示。

$$F1 = \frac{2 \times TP}{|D| + TP - TN} \tag{6-12}$$

（4）FP与（FP+TN）的比例，即假正率，如式（6-13）所示。

$$FP\,rate = \frac{FP}{FP + TN} \tag{6-13}$$

（5）TP与（TP+FN）的比例，即灵敏度，如式（6-14）所示。

$$sensitivity = TP\,rate = \frac{TP}{TP + FN} \tag{6-14}$$

（6）TN与（TN+FP）的比例，即特异性，如式（6-15）所示。

① 刘东启. 基于支持向量机的不平衡数据分类算法研究［D］. 杭州：浙江大学，2017.

$$\text{specificity=TN rate=}\frac{TN}{TN + FP} \tag{6-15}$$

（7）G-Mean。

$$\text{G-Mean=}\sqrt{\text{sensitivity} \times \text{specificity}} \tag{6-16}$$

根据式（6-16），G-Mean兼顾了正负类精确率，更能反映模型的整体性能。

（8）TP与（TP+FN）的比例，即召回率，如式（6-17）所示。

$$\text{Recall = TP rate = }\frac{TP}{TP + FN} \tag{6-17}$$

（9）F-Measure。

$$F_\beta\text{-Measure = }\frac{(\beta^2 + 1)\text{Precision} \times \text{Recall}}{\beta^2\text{Precision + Recal}} \tag{6-18}$$

式（6-18）中，通常β=1。根据定义可知，F-Measure正类的分类性能得到充分体现，权衡了正类覆盖率和精确率，适用评价模型预警正类的性能指标。

（10）AUC。

$$\text{AUC(f) = }\frac{\sum\limits_{i = 1}^{n^+}\sum\limits_{j = 1}^{n^-}f(x_i^+) > f(x_j^-)}{2} \tag{6-19}$$

式（6-19）中，n^+表示所有少数类样本，n^-表示所有多数类样本。若分类算法f对少数类样本中任一样本确认为少数类的概率大于确认为多数类的概率，则累加1，对于多数类样本也采用此方法。AUC等于上述两者计算结果的乘积除以多数类样本数量与少数类样本数量的乘积。

非均衡数据预警中，模型性能的评价指标并不能用预警的精度来衡量，因此应根据实际情况，选择合适的模型评价指标。本书采用了ACC、灵敏度和特异性等评价指标评价预警模型。

6.1.4 比较检验

选用预警模型时，不能直接采用度量值对模型性能进行比较，下列方法为模型性能的评估提供重要依据。

（1）假设检验。实际中，由于无法了解预警模型的泛化错误率，"假设"指对模型泛化错误率分布情况进行某种判断和猜想，一般采用测试错误率推算出模型的泛化错误率分布情况。

（2）统计假设检验。根据假设检验，比较预警模型性能时，利用测试集得到模型 A 的预警效果优于模型 B，在统计意义上推断模型 A 的泛化能力优于模型 B 的概率是多少。

（3）McNemar检验。该检验主要用于二分类问题，用于比较两个预警模型的性能。

（4）Friedman 检验与 Nemenyi后续检验。上述的检验只能在一组数据集上进行，而 Friedman 检验能利用多组数据集对多个预警模型性能进行比较。Nemenyi后续检验在 Friedman 检验基础上对平均序值差别的临界值域进行计算，进而比较预警模型的性能。

6.1.5 偏差与方差

在机器学习中，模型预警的期望值与真实值的差别被称为偏差，表示期望值与实际值的偏离程度；模型每次的预警值与预警值的期望值之间的差均方被称为方差。偏差表示了模型预警的准确度，而方差表示了模型预警的稳定性。偏差与方差是对模型泛化性能进行解释的重要工具，期望泛化误差由偏差和方差共同确定，偏差在欠拟合时对泛化误差起主导作用，在模型训练到一定程度后，偏差逐步变小，换为由方差对模型的泛化误差进行主导，因此模型不宜过度训练。

6.2　基本预警模型

对大学生心理健康风险进行预警前，需要选定合适的预警方法，确定预警方法后需要构建具体的预警模型完成预警任务[①]。根据预警模型采用预警方法的数量，可将其分为两大类，即基本预警模型和组合预警模型。

基本预警模型指采用一种单独的预警方法的预警模型。早期的预警主要是基于数据之间线性关系，采用历史数据获得相应的规律变化曲线，根据曲线的线性方程计算后续的数据；但在实际中数据很复杂，大部分数据是以非线性关系存在，仅有少数数据以线性关系存在。为了对非线性数据进行有效预警，根据不同的数据特点和对理论方法的深入研究，人们提出了更加精确的方法，该模型又分为两类：以理论统计为基础的传统预警方法和有效解决多类型复杂数据的人工智能预警方法。

6.2.1　传统预警方法

传统预警方法主要是以数据的直接特性为基础进行数据分析，基于一定的数学理论对待预警数据构建简单模型，根据构建的模型直接进行预警。该类方法简单，适合处理小样本数据，主要有以下5种方法：

（1）经验预警法

不依靠数据模型而是基于领域专家经验进行判断被称为经验预警法，其目的不在于分析和识别需要预警领域的规则和实质，仅依

---

① 王亚宸. 基于数据预处理和人工智能优化的组合预测模型的研究及应用 [D]. 兰州：兰州大学，2017.

据定向分析给出的方向性结论，对预警目标的发展趋势进行大致预警。

（2）趋势外推法

先对预警对象进行整体上识别和透彻的分析，设定影响事物历史和未来的因素基本保持不变，预警对象的历史和未来的规律是以渐进式发展的，并保持一致；然后根据预警对象的过去数据形成一条趋势曲线，依据此曲线推算预警对象的未来发展趋势，这种方法被称为趋势外推法。由于预警对象的历史数据和未来的发展规律保持一致，因此仅需少量数据就可对未来的数据进行预警。若预警对象过去数据出现错误或异常，将导致预警误差成倍增加。

（3）回归预警法

依据预警对象的历史数据，将预警目标设为预警结果的未知数，将影响最终预警结果的有关因素设为可变未知数，这种方法被称为回归预警法。统计分析未知变量的观测数据，找出未知数之间的关系，建立数学公式，并得出有关公式系数，以便预警。一般认为结果未知数是可控并随机可变的未知数。找到未知数之间相应的关系，就可以预警未来的数据，操作方便。若数据具有非线性特点，推算未知数之间的关系比较困难，工作量大，会影响预警的精度。

（4）时间序列预警法

根据时间先后顺序把预警对象的过去数据排成时间序列，根据序列中数据随时间的变化规律计算模型的参数，得出预警模型，这种方法被称为时间序列预警法。该模型是以统计学原理为基础构建的，其内部各变量可默认为随机可变。

（5）灰色预警法

以相应理论为基础分析属于灰色系统的相关事物，根据有关要求发现规律，这种方法被称为灰色预警法。利用关联分析识别预警对象包含的因素，得出预警对象的变化特征，构造相应的微分方程模型，得到事物的发展趋势曲线。该方法根据关联分析对一些非指数变化的数据难以构建模型，严重地降低了预警精度。

6.2.2 人工智能预警方法

人工智能预警的目的是研究和开发出智能体，主要包括人工神经网络方法、群体智能和支持向量机。

（1）人工神经网络方法

人工神经网络方法在预警领域有以下两个优势：第一，该方法对非线性数据有很好的处理能力，能够在各种条件下获得预警对象的精确数据。第二，该方法具有自适应的特征，通过学习，在任何环境下它的泛化能力变得很强，而其他方法难以做到这一点。

（2）群体智能

根据对生物群体行为的模仿，该方法能生成最优信息，能在局部有限的条件下有效地发现解决各种问题的方法。目前该方法常与其他方法组合，取得较好效果，并在多个领域得到成功应用。

（3）支持向量机

支持向量机以统计学理论为基础，该方法可以解决线性可分和不可分问题，并在非线性函数中得到扩展的机器学习方法。该方法根据选择的核函数将非线性问题映射到高维空间来解决，避免了"维数灾难"。支持向量机方法已在预警、分类等领域广泛应用，并取得了突出效果。

6.3 组合预警模型

根据对已有研究成果的分析，各基本预警模型都有其优势：以理论统计为基础的传统预警模型有雄厚的理论基础，可解释性强；人工智能预警模型能有效解决多类型复杂数据，对数据分布的要求不高，拟合的精确度高，分类效果最好①。尽管基本预警模型在一些领域取得了良好的预警效果，但都存在着欠佳的稳健性问题，预警精度无法得到进一步的提高②。由此可见，基本预警模型因存在缺陷，很难兼顾精确度和稳健性，泛化性不强。

在大学生心理健康风险预警中应用基本预警模型存在许多问题，例如，在具体应用中传统预警模型常常需要严格的数据分布，对线性数据才能有效地预警，否则最终的预警结果会出现偏差；人工智能预警模型的理论基础比较薄弱，采用的是"黑箱"技术，预警模型可解释性弱，在实际应用中存在许多有待解决的问题③，不能对非线性数据有效预警。但大数据环境下数据既具有线性特征又有非线性特征，只有将它们各自的优势结合起来实现总体效果最大化，才能更好地解决问题。

6.3.1　组合预警的基本思想

组合预警就是通过某种方式融合具有互补性能的基本预警模型，使它们各自优势能够互补，消除弱势，提高预警模型的总体性能，例如对若干个预警方法赋予不同的权重建立模型。基于组合预警建立的预警方法就是组合预警模型，它的主要思想是，根据待处理数据的内在特性，将多个基本预警模型通过优劣互补动态组合，构建一种新的预警模型④。为了增强预警模型的泛化能力，可根据不同数据动态调

---

① 陈华友，朱家明，丁珍妮. 组合预测模型与方法研究综述［J］. 大学数学，2017（4）：1-10.
② 孙凯. 基于组合预测算法的电信客户流失预警模型研究［D］. 昆明：云南财经大学，2020.
③ 邵心元，雷强，郑金，等. 基于 Logistic 回归模型的电力新能源产业专利价值评估方法研究［J］. 自动化应用，2023，64（5）：41-44；50.
④ 王雪. 投票式组合预测模型在个人信用评估中的应用研究［D］. 哈尔滨：哈尔滨工业大学，2011.

节组合模型中各基本预警模型的权重,使其在多个领域取得良好的效果,而这些是基本预警模型无法做到的。

组合预警主要从预警对象、预警方法和预警结果这三个层面展开。预警过程中,赋予各基本预警模型的预警结果合适的权重,再将其以基本预警模型形式组合。

设n个不同的基本预警模型为d_1,d_2,$\cdots$,d_n,这n个基本预警模型对某个预警对象的某事件进行预警的权重为q_1,q_2,$\cdots$,q_n,则组合预警模型的基本形式如式(6-20)所示。

$$D = \sum_{i=1}^{n} q_i d_i, \ \ s.t. \begin{cases} \sum_{i=1}^{n} q_i = 1 \\ (q_i \geqslant 0, \ i = 1, \ 2, \ \cdots, \ n) \end{cases} \tag{6-20}$$

采用组合预警模型进行预警时,模型的组合方式、基本预警模型(分类器)的数量、基本预警模型的选择等都会对组合预警模型最终结果产生影响。组合预警模型有两个关键点:第一,各基本预警模型应有差异性;第二,各基本预警模型的预警正确率应大于50%。

6.3.2 组合预警模型的拓扑结构

组合预警模型中基本预警模型的拓扑结构分别有:串行结构、并行结构和分层结构三种[1],见表6-2。串行结构的效果由各基本预警模型性能和排序决定,若某基本预警模型发生问题,对随后的基本预警模型有可能产生影响,对组合预警模型的最终效果也可能产生较大影响;并行结构中基本预警模型可同时进行学习,某个基本预警模型发生错误对组合预警模型最终结果影响较小,并行结构组合预警模型稳健性好,应用较多;分层结构组合方式较为复杂,建模较难。本书采用并行结构对各基本预警模型进行组合,采用加权

---

① 杨杉,肖治华,张成. 基于威胁情报和多分类器投票机制的恶意URL检测模型[J]. 计算机与数字工程,2020,48(8):1969-1974.

投票法对各基本预警模型的输出结果进行组合分析。

表 6-2　　　　　　　　　　组合预警模型的三种拓扑结构

结构类型	结构介绍	结构说明
串行结构	根据次序进行预警，后续每个基本预警模型的预警都依赖于它前面的预警模型的预警结果	组合预警模型效果由各基本预警模型的性能及模型排列顺序决定
并行结构	通过某种方法将多个基本预警模型进行组合	各基本预警模型可同时进行学习，采用并行方法将预警结果进行组合；准确性和稳健性较好；某基本预警模型的错误不会"牵一发而动全身"
分层结构	串行和并行两种结构同时存在的组合预警模型	结构较为复杂，建模难度较高，理解难度大

1）串行结构

如图 6-1 所示，串行结构中各基本预警模型是根据次序进行预警，后续每个基本预警模型的预警都依赖于它前面的预警模型的预警结果，最终的预警结果由所有的基本预警模型共同决定，但不同的基本预警模型的权重可能不同，Boosting 采用的是串行结构。

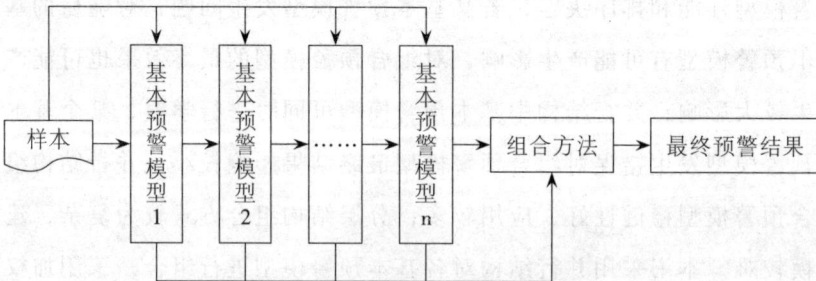

图 6-1　组合预警模型串行结构拓扑图

串行结构的缺点主要有两种：第一，无法通过并行处理方式来减少模型的训练时间；第二，在训练过程中若某基本预警模型出现问题，后续的预警模型的预警结果会受到影响。该结构的主要优点是后续的预警模型能获得前面预警模型的指导信息，能够在前面模型预警中有针对性地对表现较差的样本重点再次训练。

2）并行结构

如图6-2所示，并行结构中各基本预警模型是独立运行出预警结果，将各基本预警模型的预警结果组合就可得到最终的预警结果，Bagging采用的是并行结构。

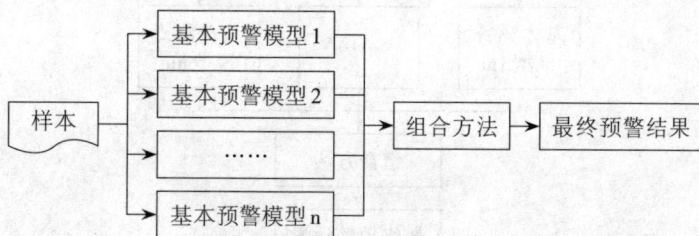

图6-2　组合预警模型并行结构拓扑图

并行结构的优点是引入并行化处理，减少大量的学习时间，大大提高预警速度，实现各基本预警模型之间的预警互补。该结构的缺点在于组合方法不好把握。

3）分层结构

如图6-3所示，分层结构整体上是一个并行结构，又可称为混合结构。假定分为n层，各层基本预警模型可以并行预警，每一层的并行子结构是串行结构，这种结构整合了并行和串行结构的特点。

6.3.3　组合预警的分类

基本预警模型采用不同组合方法，形成不同类型的组合预警模型。

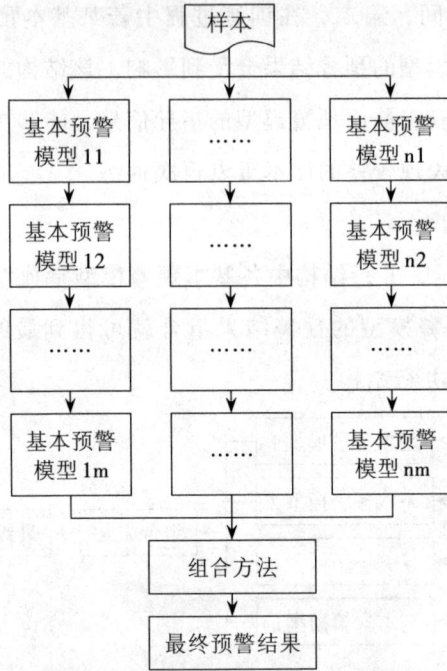

图6-3 组合预警模型分层结构拓扑图

1）按权重的计算方法分类

（1）最优权重组合预警

最优权重组合预警目标函数以各基本预警模型权重满足归一化为约束条件，以某种精度的极大化或某种误差的极小化作为准则来构建，得出组合预警中各基本预警模型的权重。设 $G(q_1, q_2, \cdots, q_n)$ 为目标函数，MAX(MIN)R 表示某种精度或某种误差的准则，$q_1, q_2, \cdots, q_n$ 为 n 个基本预警模型的权重系数（具有非负性），则最优权重组合预警可用式（6-21）表示。

$$MAX(MIN)R = G(q_1, q_2, \cdots, q_n), \sum_{i=1}^{n} q_i = 1, q_i \geqslant 0, i = 1, 2, \cdots, n \quad (6-21)$$

（2）非最优权重组合预警

非最优权重组合预警是各基本预警模型权重归一化条件下目标函数以某种精度或某种误差作为准则来构建，计算出组合预警中各基本预警模型的权重。该方法具有计算复杂度低的优点，但根据预警结果的误差情况，其效果欠佳。

2）按构建的函数关系分类

（1）线性组合预警

设 q_1，q_2，$\cdots$，q_n 为 n 个基本预警模型的权重系数，s.t. $\sum\limits_{i=1}^{n} q_i = 1$，$q_i \geqslant 0$，i = 1，2，$\cdots$，n。若 $G = q_1 g_1 + q_2 g_2 + \cdots + q_n g_n$，则称组合预警模型 G 为线性的。

（2）非线性组合预警

设 q_1，q_2，$\cdots$，q_n 为 n 个基本预警模型的权重系数，s.t. $\sum\limits_{i=1}^{n} q_i = 1$，$q_i \geqslant 0$，i = 1，2，$\cdots$，n，$\phi$ 为非线性函数。若 $G(q_1$，q_2，$\cdots$，$q_n) = \phi(q_1$，q_2，$\cdots$，$q_n)$，则称 G 为非线性的。

3）按权重系数变化特征分类

根据权重系数是否动态变化分类，组合预警分为固定权重组合预警和可变权重组合预警。

4）按预警结果的优劣分类

根据预警结果的优劣，组合预警分为非劣性组合预警和优性组合预警。

6.3.4 基本预警模型的选择

1）基本预警模型的选择原则

（1）适用性原则。在预警中，适用性原则指选用的基本预警模型与预警对象的历史变化规律相互适应。

（2）多样性原则。在预警中，多样性原则指为了获得理想的预警效果，选用的各基本预警模型应是多种类型的。

（3）成本性原则。在预警中，成本性原则主要关注的是成本消耗。

本书强调大学生心理健康风险预警模型对教育实践的指导意义，因此基本预警模型采用处理海量数据效率高、可读性和解释性较强的分类回归树模型、Logistic 回归模型和 Bayes 模型。

2）基本预警模型数量的确定

可利用包容性检验理论来确定基本预警模型的数量。在检验过程中，包容性检验是选择预警结果合适的基本预警模型，删除预警结果不合适的模型，最终确定恰当的基本预警模型形成组合预警模型。包容性检验的主要步骤如下：

（1）模型建立。建立恰当的基本预警模型，评估各基本预警模型的预警效果，根据评估结果对这些模型从好到坏依次排列。

（2）检验模型。根据包容性检验的原则，选择评估效果最好的基本预警模型，判断该模型是否包容了其他基本预警模型的有用信息；若包容了则将该模型剔除，否则保留该模型。

（3）选择模型。将通过包容性检验的基本预警模型作为最好的模型组合，将没有通过检验的模型剔除。

（4）模型个数的确定。完成包容性检验后，选择通过检验的基本预警模型作为最合适的模型进行组合，组合预警模型中基本预警模型的个数就可确定。

根据基本预警模型的选择原则，本书基本预警模型选用分类回归树、Logistic 回归和贝叶斯等 3 种预警模型。

3）基本预警模型权重的确定

常用基本预警模型权重确定的方法主要有以下 5 种：

（1）数理统计法。数理统计法主要有最小方差法、优势矩阵法和等权重法。等权重法是以相同的加权值赋予每个模型的预警结果，无须考虑各预警模型预警结果的有效性及不同误差之间的相关性。这种方法简单易懂，便于操作。

（2）回归分析法。该方法简单灵活，并有多种变形和扩展。

（3）规划法。该方法是先对一个规划问题进行假设，然后在假设条件下通过计算得到规划问题的最优解，这个最优解就是预警模型的权重。

（4）变异系数法。该方法是一种客观赋权法，通过对预警对象的各项特征蕴含有用信息的处理得出权重，在确定组合预警模型的权重时，变异系数越大，预警结果之间的差距体现得越明显。

（5）熵值法。该方法是根据信息论中熵值的概念，对模型预警的误差序列变异程度进行重新定义，通过计算而得到预警模型的权重[1]。

下面从复杂性和准确性来比较和选择权重的确定方法[2]。

第一，复杂性。根据原理难易程度和计算复杂度，数理统计法中的3种方法原理易懂，便于操作，可以优先选为权重的确定方法，上述5种方法由简到繁地排序为数理统计法、变异系数法、回归分析法、规划法、熵值法。

第二，准确性。本书采用数理统计法确定各基本预警模型权重，计算统一化后各基本预警模型预警结果的正确率，将这些模型的正确率相加得出总正确率，再把各基本预警模型的正确率与总正确率进行比较，得出各自的权重。

---

① 叶雪强，桂预风. 基于 Markov 链修正的改进熵值法组合模型及应用 [J]. 统计与决策，2018（2）：69~72.
② 于秀伟. 组合预测中单项预测模型的选择研究 [D]. 西安：长安大学，2015.

6.4　投票式组合预警模型

对基本预警模型进行组合的常用方法[①]有 Bagging、Boosting、投票法、随机森林等，而投票法具有原理简单、易于理解等特点，是常用的基本预警模型组合方法，该方法的拓扑结构是并行结构，有较好的准确性和稳定性。

6.4.1　投票式组合预警模型构建

1）投票式组合预警的思想

投票的目的是综合各方建议以便得出更好的结论，通过投票能够发挥各自的优势，弥补缺点，扬长避短，从而尽量减少误差[②]。在大学生心理健康风险预警中，综合各个基本预警模型的优势，弥补各自的缺点，取得更精确的结果。

2）投票式组合预警模型构建步骤

利用投票式组合预警模型的优越性，在应用上构建该模型主要从 3 个方面进行考虑：第一，科学地提取和选择学生特征；第二，选择的各基本预警模型应有合理性和互补性；第三，有效性地选择组合方式。

根据上述考虑，大学生心理健康风险投票式组合预警模型构建的原则和步骤如下：

（1）提取和选择学生特征

选取高校学生实际数据，包括学生基本数据、医疗数据、网络数

---

① 李佳，郭剑毅，刘艳超，等. 基于多分类器加权投票法的越南语组合歧义消歧[J]. 计算机科学，2018，45（1）：167-172.
② 王雪. 投票式组合预测模型在个人信用评估中的应用研究 [D]. 哈尔滨：哈尔滨工业大学，2011.

据等，对这些数据进行分析和处理，提取和选择学生特征。

（2）选择基本预警模型

从以下3个方面选择基本预警模型。

第一，适用性和多样性。选择的各基本预警模型需适应现有的学生特征，这些模型能相互独立地对大学生心理健康风险进行预警。

第二，基本预警模型数量的确定。若基本预警模型数量过少，不能广泛地吸收和发挥各基本预警模型的优势，影响组合预警模型的预警效果；若基本预警模型数量过多，虽然体现了组合预警模型性能的优势，但增加了工作量和预警成本。根据边际效用递减规律，基本预警模型数量增加到一定程度，组合预警模型性能不再得到有效提高。很多学者认为，组合预警模型中选择3~5个基本预警模型比较合适①。

第三，互补性。组合预警模型中各基本预警模型应有互补性，相互之间能够扬长避短，达到总体效用最大化。

（3）组合方式的选择

本书采用投票方式组合基本预警模型，目前常用的投票方式主要有3种②。

①全体同意制。顾名思义就是需要所有参与决策的个体都要一致支持某个观点或结论，才能宣布结束投票的过程。这种方法的优点在于：第一，如果一个预警结果能够达到全票通过，那么该预警结果一定是最准确的，高精度的目标基本可以保证；第二，每个基本预警模型的地位是平等的，都享有相同的表决权和否决权，不会被其他预警模型的结果所左右。这种方法的弊端也很明显，实施的成本过高。由于每个基本预警模型的基本原理不一样，因此对结果的评价会有出

---

① 韩世浩. 基于支持向量机的风电功率组合预测模型研究 [D]. 淄博：山东理工大学，2020.
② 王雪. 投票式组合预测模型在个人信用评估中的应用研究 [D]. 哈尔滨：哈尔滨工业大学，2011.

入，可能多次试验依然达不到统一的结果，这个过程浪费了大量的时间和精力。因此，全体同意制在实际应用中很少被采用。

②简单多数制。简单多数制指遵循少数服从多数原则选择基本预警模型，由票数最多的优胜者当选。这种方法计票容易，简便易行，适合任何场合和人群。应用到预警中，这是一种简单的组合算法，它将各基本预警模型的预警结果用于投票，所得票数超过门限值的类标签就被认为是最终的预警结果。

设基本预警模型 $G_j(D)$ 给样本 D 预警的类标签为 $G_j(D) = g_i$，定义函数如下：

$$S_j(D \in g_i) = \begin{cases} 1, & G_j(D) = g_i, \ i = 1, 2, \cdots, m \\ 0, & Other \end{cases} \tag{6-22}$$

简单多数制投票组合后的最终判别结果 $G(D)$ 可以表示为式（6-23）。

$$G(D) = \begin{cases} g_k, & if \ S_g(D \in g_k) = \sum_{j=1}^{L} S_j(D \in g_k) \geqslant \alpha \times L + h(D) \\ Reject, & Other \end{cases} \tag{6-23}$$

式（6-23）中，k=1，2，…，m，h(D)是投票的限制条件：第一，当h(D)=0且α=1时，为全体同意制，只有所有的基本预警模型都给样本 D 定义相同的类标签时，系统才能进行判别；第二，当α=0.5时就是简单多数制，也就是超过半数的基本预警模型所定义的类标签就是样本 D 最终的类别。因此，h(D)函数是为了平衡选择冲突，根据具体的 $S_g(D \in g_k)$ 来任意设定的。该规则存在一个很大的难点，就是门限值的设定没有一个统一而科学的标准，所以投票的精度必然会受到影响。

③加权多数制。该方式在简单多数制基础上进一步发展，将所有的基本预警模型放在一个平等的地位上去考察，根据每个基本预警模型预警能力和适应性的不同，给它们赋予不同的权重。这种方法的缺

点是确定各基本预警模型权重比较难，没有统一标准设计门限。

6.4.2 加权投票式组合预警模型

简单投票法只对各基本预警模型的预警结果进行集成，仅能得出单纯的预警结果，性能优越的基本预警模型很难发挥作用。加权投票法是给性能优越的基本预警模型赋予较高权重，这种方法简单直观[1]。本书将多个基本预警模型采用加权投票法进行组合，对大学生心理健康风险进行预警，其流程如图6-4所示。

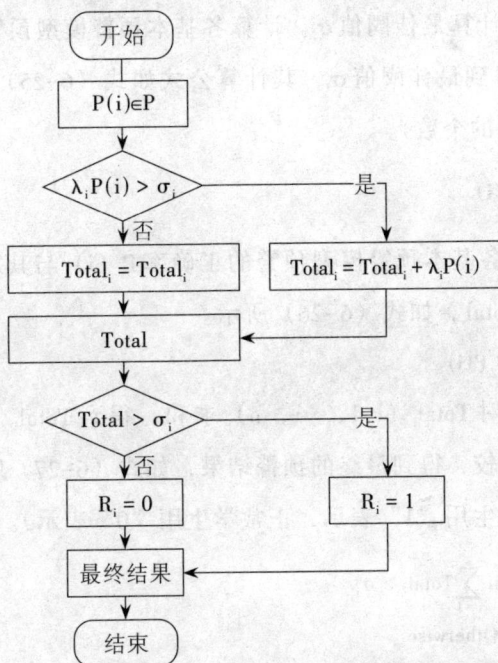

图6-4 基本预警模型加权投票式组合流程图

加权投票法组合预警模型的步骤如下：

步骤1：规范各基本预警模型结果并统一化。

① 李佳，郭剑毅，刘艳超，等. 基于多分类器加权投票法的越南语组合歧义消歧[J]. 计算机科学，2018，45（1）：167-172.

步骤2：计算各基本预警模型的预警结果正确率P（i）（i表示单一预警模型的个数）。

步骤3：汇总各基本预警模型的正确率，得到总正确率。

步骤4：计算各基本预警模型的权值λ_i。比较基本预警模型的正确率与总正确率，得到单个基本预警模型的权值λ_i，数学公式如式（6-24）所示（i表示单一预警模型的个数）。

$$\lambda_i = \frac{P(i)}{\sum_{i=1}^{n} P(i)} \tag{6-24}$$

步骤5：计算最佳阈值σ_i。计算各基本预警模型预警结果概率值的平均值，得到最佳阈值σ_i，其计算公式如式（6-25）所示（i表示单一预警模型的个数）。

$$\sigma_i = \frac{1}{n} \sum_{i=1}^{n} P(i) \tag{6-25}$$

步骤6：各基本预警模型预警的正确率P（i）与其对应的权值λ_i相乘，得到$Total_i$，如式（6-26）所示。

$$Total_i = \lambda_i \times P(i) \tag{6-26}$$

步骤7：对$Total_i$（i=1，…，n）求和，得到Total，再将Total与阈值σ_i进行比较，得到最终的预警结果，如式（6-27）所示（有心理健康风险的学生用"1"表示，正常学生用"0"表示）。

$$R_i = \begin{cases} 1, & if \sum_{i=1}^{n} Total_i > \sigma_i \\ 0, & Otherwise \end{cases} \tag{6-27}$$

大学生心理健康风险预警模型强调对学生管理实践的指导意义，因此加权投票式组合预警模型中采用分类回归树、逻辑回归和贝叶斯三种模型的组合，该三种模型在处理海量数据方面具有效率高、可读性强和解释性好等优点。

Hadoop下风险预警模型

根据学生特征、心理健康风险预警方法和预警模型的构建方法，在"加权投票式组合预警模型"基础上，为了满足大数据处理的需求，本章提出 Hadoop 下大学生心理健康风险预警模型。首先给出该模型的设计思想，利用 Hadoop 平台对学生数据进行分布式存储和处理；其次根据学生特征和选择的预警方法，构建具体的 Hadoop 下大学生心理健康风险加权投票式组合预警模型；最后对构建的预警模型进行评估，证明该模型的有效性。

7.1 设计思想

采用 Hadoop 平台[①]将学生大数据集分块，组成多个数据子集，利用加权投票式组合预警方法对各数据子集并行计算，得出各子集的最优预警结果，然后汇总各个预警结果，再次采用加权投票式组合预警方法进行处理，得出最终预警结果。该方法类似于加权投票选举[②]，首先选出各区域的优秀代表；其次将这些优秀代表汇总，若汇总的数据依然很大，则可以采用迭代的方法，进行多次分区加权投票选举，逐步降低数据量；最后进行全局加权投票选举，得出最终的优秀代表。该方法能满足大数据环境的要求，减少计算开销，有效提高计算效率。其设计思想具体如下：

（1）接收任务。Hadoop 平台接收用户通过系统提交的任务。

（2）申请号码。接收用户提交的任务之后，Hadoop 平台向作业服务器提出申请，请求给已接收的任务分配作业号码。

（3）分配任务。作业服务器收到 Hadoop 平台提出的申请之后，

---

① 王辉，潘俊辉，ETRESCU M，等. Hadoop 下并行化实现文本聚类的优化算法[J]. 计算机与数字工程，2022，50（12）：2611-2615；2664.
② 叶志列. 基于平均互信息的有权网络社区发现算法研究［D］. 广州：华南理工大学，2020.

计算需要处理的任务的数据量，并根据该任务结构信息将其分配给 Hadoop 平台的任务服务器处理。

（4）处理数据。任务服务器接收作业服务器分配的任务后，TaskTracker 从 HDFS 上获取相应的数据块，运用预警算法对该数据块进行处理。

（5）结束任务。任务服务器中全部的 TaskTracker 完成了所有的分析计算任务后，得出预警模型，JobTracker 才能获知任务结束。

（6）生成模型。用户通过 TaskTracker 获知提交的任务已完成，并得到生成的大学生心理健康风险预警模型。

7.2　预警模型并行化处理

学生数据具有多源异构等特点，且数量庞大，大学生心理健康风险预警需对传统的预警方法并行化处理，主要有如下 4 个步骤：（1）并行划分数据集，数据集划分为 N 份数据块存储在对应的节点中；（2）用每个节点的数据块训练其对应的预警模型；（3）将各部分训练结果汇总作为总预警模型的训练集对该模型进行训练；（4）确定最终预警结果。

Hadoop 平台采用 MapReduce 并行技术执行分布式计算任务，MapReduce 将计算任务分成 Map 和 Reduce 两个阶段，每个阶段的输入和输出采用的都是键值对（key/value）的方式。只需定义 map（）函数和 reduce（）函数，就可利用 MapReduce 框架来解决不同的问题。MapReduce 处理的数据集（或任务）应具备如下两个特点：（1）待处理的数据集能够被划分成多个小数据集；（2）每个小数据集完全能够并行处理。针对加权投票式组合预警方法的特点，采用 MapReduce 的并行计算框架，本书提出了 Hadoop 下大学生心理健康风险预警模型并行化处理方法，具体如下：

1）数据划分

由于奇异点和噪声数据会减弱心理健康风险预警模型的泛化能力，因此学生数据集经过清洗才能进行分块。采用 MapReduce 框架进行处理时，无须人工划分学生数据，Hadoop 平台能够自动地对学生数据集进行分块，并将各数据块分配到对应的处理节点进行计算。划分数据块的数量 N 等于 map 的个数，N 的大小由以下 3 个因素决定：（1）block_size：HDFS 中数据块的大小，系统默认为 64M；（2）total_size：数据集总大小；（3）inputfile_num：输入的文件数量。

2）map（）函数和 reduce（）函数

学生数据集划分成 N 个数据块并分布式存储在 HDFS 后，map（）函数并行处理其对应的数据块。在 map（）函数内部定义预警模型的训练过程，map（）函数将输出的预警结果发送到 Reducer 端作为其输入。

reduce（）函数分析和汇合所有 map（）函数的预警结果，再进行预警得出该次总预警结果。若总预警结果不符合要求则继续迭代，否则该次总预警结果为最终预警结果。

3）模型并行化处理

Hadoop 下大学生心理健康风险预警模型并行化处理过程如图 7-1 所示。

（1）存储。在 Hadoop 平台的 HDFS 中存储预处理后的学生数据训练集/数据集。

（2）数据分块。分块处理数据，生成若干合适的数据块。

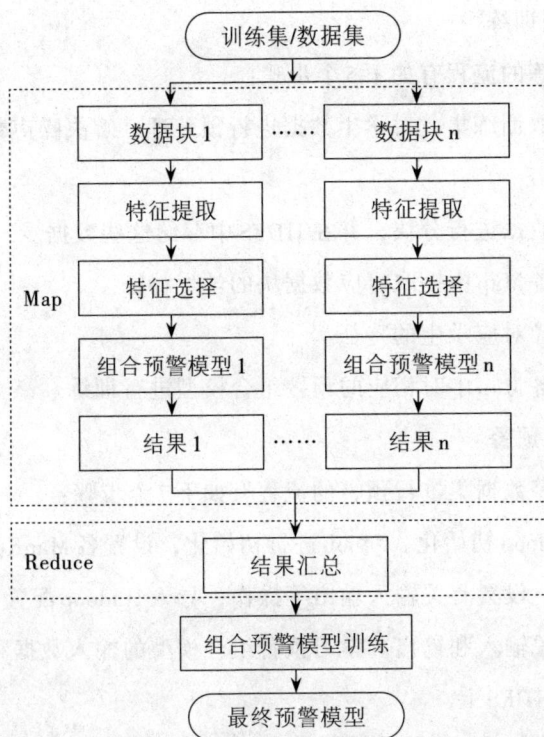

图7-1 大学生心理健康风险预警模型并行化处理过程

（3）训练。在各Map内并行化训练心理健康风险预警组合模型，即将各数据块输入Hadoop平台的各节点进行并行化处理。

（4）汇总。Reduce汇总各节点的预警结果，并进行规范化处理。

（5）模型确定。将汇总结果对组合模型进行再训练，确定最终心理健康风险预警组合模型。

7.3 大学生心理健康风险预警流程

Hadoop下大学生心理健康风险预警流程分为模型训练和学习预警两个阶段。

1）模型训练

模型训练的流程有如下 5 个步骤：

（1）读取训练集，对学生数据进行预处理，解决噪声数据及奇异点问题。

（2）对数据进行分块，并在 HDFS 中存储这些数据。

（3）在各 Map 中提取对应数据块的学生特征。

（4）选择对应学生的特征。

（5）在各 Map 中对相应的预警组合模型进行训练。

2）学习预警

对待预警数据集进行预警的流程有如下 7 个步骤：

（1）Hadoop 初始化。对 job 进行初始化，设置各 MapReduce 与 job 的对应关系，设置有关输入输出等操作，导入 Hadoop 配置等任务。

（2）配置输入和输出。学习预警组合模型的输入数据和处理的结果均存储在 HDFS 上。

（3）预处理待预警的数据。对待预警的学生数据集数据进行清洗、去噪等操作，并进行学生特征提取和选择。

（4）存储数据。为满足 MapReduce 并行分布式处理学生学习数据的需求，待预警的学习数据存储在 HDFS 中。

（5）Map 阶段。在 Map 内提取和选择对应的 HDFS 数据块的学生特征，利用训练好的预警组合模型进行学习预警，得出各 Map 中预警模型的预警结果。

（6）Shuffle 过程。把 Map 任务端的数据拉取到 Reduce 端，尽量降低对带宽不必要的消耗。

（7）Reduce 阶段。汇总 Map 阶段的各预警结果，若汇总后的数据集过大则进行迭代，否则再利用预警组合模型生成最终预警结果。

7.4　预警模型训练与评估

7.4.1　模型训练与测试过程

大学生心理健康风险预警模型训练与测试过程如图7-2所示。

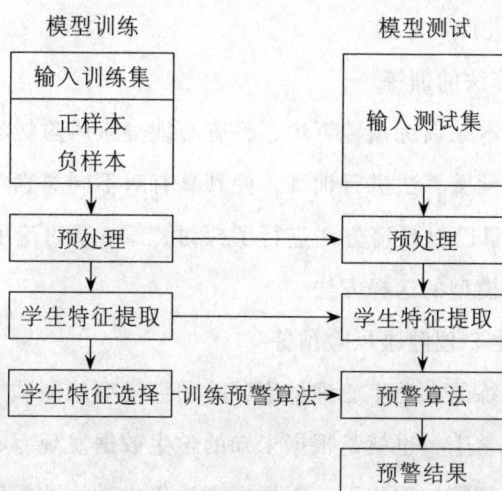

图7-2　模型训练与预警过程

1）训练集与测试集

训练集包括正样本和负样本，正样本指存在心理健康风险的学生数据，负样本指心理健康正常的学生数据。由于有心理健康问题的学生人数小于正常学生人数，因此正样本数的比例小，属于非均衡样本问题，对于非均衡样本的处理问题，本书第4章已进行论述。由于学生数据量大，本书采用保留法（Holdout）评估预警模型的效果，将学生数据集划分为训练集和测试集两个互斥的集合，训练集的样本占总样本60%，测试集的样本占总样本40%。采用训练集对预警模型进行训练，利用测试集来计算模型的测试误差，用来评估模型的泛化误差。

2）特征提取和选择

学生数据包括基本数据、校园卡数据、医疗数据、网络日志等，高校长期积累的这些数据规模巨大，为有效预警有心理健康风险的学生，需要对学生原始数据进行预处理和分析，提取和选择最能体现有心理健康风险学生本质的特征。学生特征提取和选择在本书的第3章和第4章分别进行了论述。

3）预警算法的训练

用训练样本来训练预警算法，将有心理健康风险的学生数据和正常学生数据对预警算法进行训练，使其具有对不同类别学生的识别能力。本书第5章已对预警方法进行了探讨，第6章讨论了大学生心理健康风险预警模型的选择方法。

4）大学生心理健康风险预警

利用已训练的大学生心理健康风险预警模型从测试集中识别有心理健康风险的学生，也就是根据未知的学生数据发现有心理健康风险的学生。一般预警过程如下：①根据测试集中学生数据计算出学生特征；②利用已训练的预警模型对这些学生特征进行筛选，判断是否存在心理健康风险；③找出所有存在心理健康风险的学生。

5）大学生心理健康风险预警模型的学习和改进

在学生的样本数足够多，学生特征的提取、选择和预警算法都合适的情况下，预警模型的准确率较高。但也存在误判情况，因此，应使预警模型具有学习或自适应功能，将识别错误的样本进行纠正，再将纠正后样本放回训练集中继续训练预警模型，可提高预警模型的准确率。

7.4.2 数据准备

1）实验环境搭建

根据本书提出的教育大数据平台架构和教育大数据集成方法等技术，搭建了实验平台，由9台计算机组建Hadoop集群，1台计算机作为主节点，其余8台作为从节点。每台机器的CPU采用4颗Xeon Gold 5220，内存为DDR4 32G，硬盘为PM961 PCIE NVME（1TB）。操作系统为Ubuntu18.04.6LTS，并安装Hadoop3.3.0等。

2）数据源

从学生管理系统、校园卡系统、教务管理系统、校园网日志和校医院医疗系统等数据源，采集了某高校二级学院2018年9月份至2022年6月份192名学生从新生入校到毕业的数据。

第一，学生管理系统，由学生管理部门负责管理，包括学生各阶段档案、家庭成员及家庭条件、学习态度及风格、生活习惯、社会情感、社会关系等学生基本数据。

第二，校园卡系统，由网络中心负责管理，包括校内食堂及零售店的消费数据、学生宿舍门禁数据、图书馆门禁和借阅数据等。图书馆门禁数据由学生每次进出图书馆门禁系统刷校园卡产生，记录了学生每次进出图书馆的时间。图书馆借阅数据详细记录了学生阅读图书的信息以及借书还书的信息和时间等。

第三，教务管理系统，由教务处负责管理，记录了学生每学期各科平时成绩、期末成绩、综合成绩、取得学分等。

第四，校园网日志，由网络中心负责管理，在校学生是以学生识别号的方式接入校园网，日志文件中记录了学生访问网页的格式和标识符等信息，这些信息主要是加密的学生识别号、请求访问的URL、时间、源IP地址、目标IP地址等。

第五，校医院医疗系统，由校医院负责管理，包含学生身心健康、病情诊断、治疗等数据。

3）数据清洗

采集的学生数据或多或少存在一些问题，可能影响到学生心理健康风险预警与危机干预的效果，有必要对这些数据进行清洗。主要从以下四个方面进行数据清洗。

第一，重复数据的处理。各类数据源中数据重复现象比较普遍，一般是删除这些重复的数据，例如进出门禁重复刷卡、某次就餐多次刷卡等数据。

第二，异常数据的处理。学生数据中异常数据主要体现在以下两个方面：其一，数据不真实，例如某个学生的校园卡数据与本人当时所处的位置不一致，意味着该生的校园卡被别人借用或冒用；再例如学生上课考勤记录显示某个学生在上课，实际上这个学生在宿舍睡懒觉或在校外兼职，说明有别的学生冒充这个学生签到。上述情况的处理方法一般是核实更正或删除数据，以保证数据的正确性。其二，时间日期非法，例如POS的时间设置不正确，导致时间日期不正确，这种情况的处理方法是对照原始数据的合法时间进行修正。

第三，数据丢失的处理。对于丢失的数据，可采用以下三种方法进行处理：其一，直接忽略，即将丢失的数据直接忽略；其二，零值填充，即用零填充空缺的数据；其三，估算填充，即根据一定的规则对空缺值进行估算填充，例如由于无效刷卡或刷卡过程中掉电、维护等将学生校园卡数据丢失，可根据学生的日常规律来估算填充。再例如在门禁系统中，有的学生有进入的数据，没有出来的数据，存在这种问题的主要原因是没有刷卡的同学跟着刷卡的同学一起进出，这时可根据学生的生活规律来估算填充。

第四，噪声数据。在校学生是以学生识别号的方式接入校园网，日志文件中记录了学生访问网页的格式和标识符等信息，这些信息主要是加密的学生识别号、请求访问的 URL、时间、源 IP 地址、目标 IP 地址等。这些网络日志文件含有许多噪声数据，需要对这些网络日志文件数据进行有效的筛选和数据转换。学生浏览网页时，网络日志文件除了记录学生浏览网页的有关内容，也记录了 URL 包含的其他网络资源等，这些无关的网络资源就是噪声数据，一般是予以删除。

采集并预处理后的数据清单截图如图 7-3 所示。

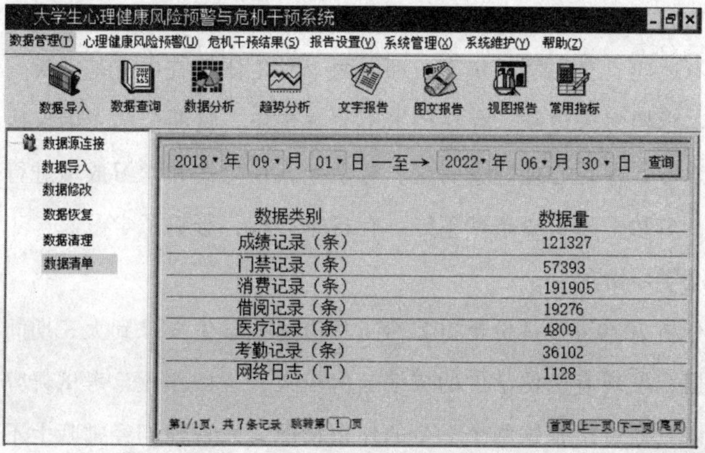

图 7-3　采集并预处理后的数据清单截图

清洗后的数据包含了 121 327 条成绩记录、57 393 条门禁记录、191 905 条消费记录、19 276 条借阅记录、4 809 条医疗记录、36 102 条考勤记录、1 128T 网络日志，这些数据为大学生心理健康风险预警与危机干预建立了数据基础。

7.4.3　学生特征提取

1）时间轴视角下大学生基本特征提取

本部分分析了 192 名学生从 2018 年 9 月份新生入校至 2022 年 6 月份毕业的基本数据，并进行了特征提取，具体如下：

（1）数据分析

①新生阶段

2018 年 9 月份至 2019 年 6 月份为大学一年级，可作为新生阶段。分析学生管理系统和教务管理系统数据，有 70% 的学生加入不同社团，有 20% 以上的学生加入两个及以上的社团，导致缺少精力学习，第一学期有部分学生高数和英语等课程考试不及格。说明这些学生学习目标不明确，学习动力不足。通过教务管理系统发现，大学一年级有 30% 以上的学生申请调专业，说明新生可能对专业缺乏了解，对学习不适应，存在学习焦虑心理。两个学生体检查出有基础疾病，但他们入学档案未记载，存在档案不完善现象，这两个学生因疾病不能专心学习，存在心理健康问题。对学生入校档案和学习成绩进行分析发现，少数学生家庭条件不好，有自卑心理，影响了学习。

②学习阶段

分析 2019 年 9 月份至 2021 年 6 月份这些学生大二到大三期间的基本数据，发现有两位学生的成绩起伏较大，不做作业，考试舞弊，经常旷课。通过检查这两个学生的住宿情况，发现他们经常晚上不回宿舍。经与他们交流，发现他们在校外租房子，一个是方便谈恋爱，另一个认为学习知识无用而谋划创业。这两个学生存在学习心理健康问题，经多次引导，他们认识到自身存在的问题，逐步转入正常学习状态。

③毕业阶段

分析 2021 年 9 月份至 2022 年 6 月份这些学生大四的基本数据，通过对他们的基本数据变化的分析，发现有个别学生找工作过程中存在盲目性和焦虑情绪，经及时干预和引导，这些学生取得了合格成绩，已经顺利毕业。

（2）特征提取

通过对192名学生数据的变化进行分析，提取了课程成绩特征、医疗数据特征、学生基础特征和社会关系特征用于心理健康风险预警。

①成绩、医疗等数据分析及特征提取

学习成绩主要指高考成绩、每学期期中期末各科考试成绩等；医疗数据指校医院对学生体检及治疗的数据。本书研究目标是根据学生数据预警大学生学习心理健康风险，按照学生是否有心理健康问题将学生分成心理健康正常和有心理健康问题两个类别，并给学生类别数据加上分类标签，这是预警中对数据进行标记的过程。以每个学期为时间刻度将这192名学生入学后6个学期的学习成绩、医疗等数据导入系统中分析，表7-1给出了两个类别的人数情况。

表7-1 学生心理健康情况

心理健康情况	第一学期	第二学期	第三学期	第四学期	第五学期	第六学期
心理健康正常人数	192	189	188	188	189	189
有心理健康问题人数	0	3	4	4	3	3

表7-1统计了两个类别学生的人数情况，有心理健康问题的学生人数少，说明有心理健康问题的学生是少数类。根据对学生数据的分析，第二学期两个学生查出患有基础疾病，一个学生肝功能异常，另一学生患有顽固性红斑病，这两个学生自卑，成绩差，考试舞弊，存在心理健康问题；第三学期二个学生经常旷课，成绩一落千丈，查出一个学生因失恋精神恍惚，存在心理健康问题，另一学生认为在课堂学不到知识，自顾自地谋划创业，导致考试成绩差，存在学习心理问题，因此课程成绩和躯体疾病与大学生心理健康相关。从学生数据中提取课程成绩特征80维、医疗数据特征57维。

②学生基础特征提取

根据现有的学生管理系统、校园卡系统、教务管理系统、校园网日志、校医院医疗系统和学生日常管理制度，本书采用的高校学生基础特征为：姓名、性别、年龄、身高、民族、身心健康、家庭情况（单亲、父母双亡、兄弟姐妹人数、经济状况等）、生源地等116个，这些特征与学生的心理健康相关。

③社会关系特征提取

学生社会关系一般有同学关系、师生关系以及与社会人员的关系等，这方面的数据带有隐蔽性，可通过分析学生网络日志、校园卡数据和学生基础数据得出。以是否积极帮助学生避免心理危机作为判断标准，从社会关系网络角度出发，社会关系特征主要有姓名、年龄、性别、关系类别、教育程度、职业、爱好、信誉、受到哪类处分、获得哪些荣誉等共31维。

2）校园卡系统中的大学生特征提取

根据采集的校园卡数据（含门禁、消费、图书借阅等数据），建立学生数据库，该库有疑似心理危机学生数据和有心理危机学生数据两个表。

设学生特征数据项为：Char_data= ｛学号，上课情况，用卡时间，金额，地点，事项｝。设学生数据库名称为Student_schedule，该库中疑似心理危机学生数据表名称为Schedule1，有心理危机学生数据表名称为Schedule2。创建数据库如下：

Create database Student_schedule

创建数据表的语句如下：

create table Schedule1

（

Number int identity（1，1）primary key,

```
student ID  char（12）not null,
Classroom  char（6）not null,
Date_Time  datetime（12）not null
Amount    decimal（3，2）not null
Address    char（30）not null
Items      char（20）not null
）
```

有心理危机学生数据表Schedule2的创建方法与Schedule1一样。

根据采集的数据，利用已搭建的实验平台，下面分别分析了学生门禁数据、图书馆借阅数据、消费数据，并提取与有心理危机学生有关的特征。学生门禁数据包括宿舍门禁数据和图书馆门禁数据，分析这两类门禁数据，能够得到学生在寝室和图书馆的基本活动时间和轨迹，从而获得学生的一些特征。然后对两个类别的学生的特征进行对比，分析其差异性，将那些有明显差异的特征作为区分两个类型学生的依据。为了统计分析方便，表格中将心理健康正常的学生标记为"1"，将有心理危机的学生标记为"0"。

（1）宿舍门禁数据

学生进出宿舍大门需要刷校园卡才能开门，刷卡时宿舍门禁记录了学生每次进出刷卡的时间，因此宿舍门禁数据记录了学生每次进入宿舍和离开宿舍的时间。分析宿舍门禁数据，可发现学生出入宿舍的规律，将这些规律与相应的学生心理健康关联，作为学生心理健康风险预警的依据。

①数据分析

学生进出宿舍，存在一人刷卡多人进出的情况，也有大量宿舍门禁数据缺失，很难准确统计每个学生进出宿舍的次数和计算学生停留在宿舍的时间。因此，以学生出入宿舍的时间段作为宿舍门禁数据分析的内容，重点分析学生早上出宿舍和晚上回宿舍这两个时间段。

第一，早出频次。

不同学校规定早上第一节课上课时间不同，以早上第1节课从8点整开始上课为例，学生从宿舍走到教室估计15分钟左右，因此早出时间可认为是早上7点45分之前的时间。

通过图7-4的统计分析可知，有心理危机的学生人数与早出频次呈相反方向增加，而心理健康正常的学生人数与早出的频次呈同方向增加，这表明早出频次与学生心理健康相关。

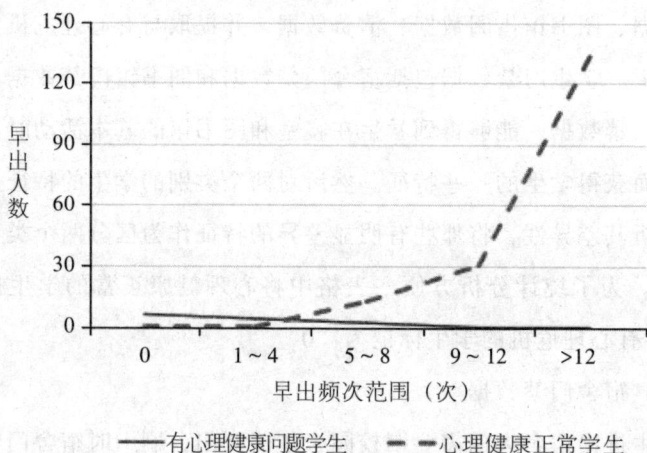

图7-4　早出频次分析

第二，晚归频次。

学生晚上就寝时间不同学校规定不一样，以晚上10点半为例，晚上10点半之后进入宿舍被认为是晚归。

通过图7-5的统计分析，有心理危机的学生晚归频次较少，而且人数与晚归频次呈反方向发展，即心理健康风险越大，晚归频次就越少；心理健康正常的学生人数与其晚归频次呈同方向增长，这表明学生心理状态越好，这些学生早出晚归的频次就越高。

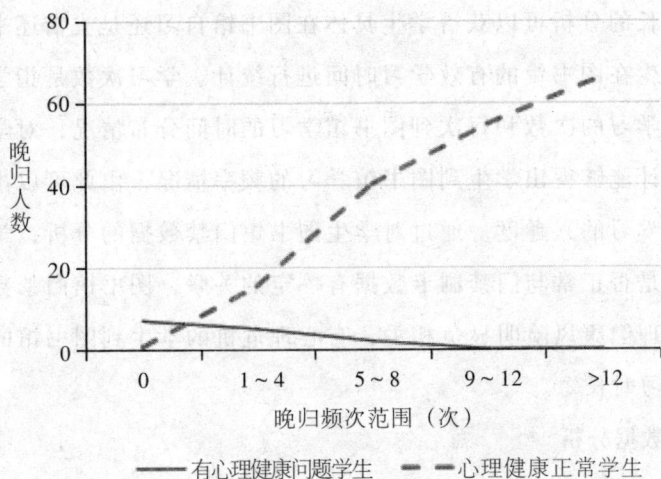

图7-5　晚归频次分析

②特征提取

通过对学生宿舍门禁数据的分析，心理健康是否正常与门禁刷卡数据有一定的关联。宿舍门禁数据反映了心理健康正常的学生具有正常的作息规律，而有心理危机的学生没有规律性，要么夜不归宿，要么待在宿舍不出去，要么在上课时间进出宿舍。学生心理健康与其早出和晚归的频次有着较强的关系，因此宿舍门禁数据的特征提取以每个学生早出和晚归频次为主。同时，以每小时为单位长度统计学生进出宿舍的频次作为特征，可以更全面地得到学生进出宿舍的规律。这样从宿舍门禁数据中提取了55维特征。

（2）图书馆门禁数据

学生需要通过图书馆门禁刷校园卡才能进出图书馆大门的闸机，刷卡时门禁系统记录了每个学生进出图书馆的刷卡时间，因此图书馆门禁数据记录了学生每次进入图书馆和离开图书馆的时间。从两个维度对图书馆门禁数据进行分析，即学习时长和学习次数。学习时长是指学生每次在图书馆学习的时间长度，对学生在图书馆学习时长的分析可以获得学生具体在图书馆自习还是去借还书，并能对学生在图书馆的有效学习时间进行统计。学习次数是指学生到图书馆学习的次数和每次到图书馆学习的时间分布情况，对学习次数的统计能够得出学生到图书馆学习的频率情况，由此可以推理出学生对学习的兴趣度。通过对学生图书馆门禁数据的分析，学生心理健康是否正常与门禁刷卡数据有一定的关联，图书馆门禁数据与学生心理健康风险明显负相关，有心理危机的学生到图书馆的次数少，学习时长短。

①数据分析

第一，学习时长分析。

根据对学生数据的统计分析，这些学生在图书馆学习时长如图7-6所示。

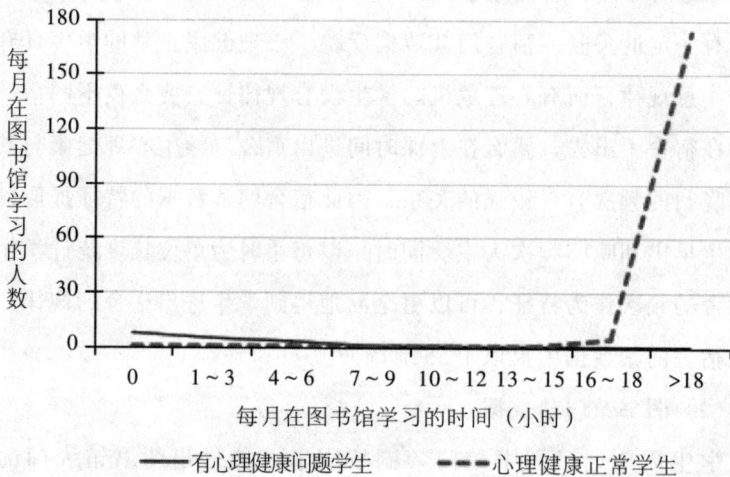

图7-6　学生在图书馆学习时长

从图7-6可知，有心理危机的学生在图书馆学习的时长很少，几乎不到图书馆学习，而心理健康正常的学生在图书馆学习时长比较多，因此图书馆学习时长可作为学生心理健康风险预警的特征之一。

第二，学习次数分析。

统计分析学生在图书馆学习次数，如图7-7所示。有心理危机的学生到图书馆学习的次数基本为零，而心理健康正常的学生到图书馆学习的次数较多，两者差别较大，说明在图书馆学习的次数和学生心理危机相关。通过图7-6和图7-7的统计分析可知，心理健康正常的学生不仅在图书馆学习的时间长，而且学习的次数也多。

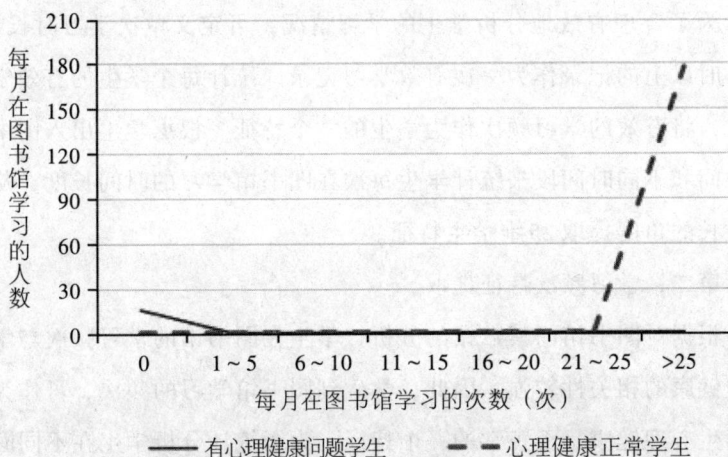

图7-7　学生在图书馆学习次数

根据图书馆门禁数据分析，得出学生学习时长和学习次数，学生心理健康是否正常与该学生的学习时长和学习次数呈强相关，心理健康正常的学生到图书馆学习次数和学习时长都比有心理健康问题的学生多，因此学生在图书馆的学习时长和学习次数是区别学生心理健康是否正常的有效特征。

②特征提取

第一，学习时间特征提取。

图书馆门禁记录有进出方向标记，根据这些记录可以计算出学生刷卡出入图书馆的时间，通过这些数据可分析学生在图书馆的时间信息。学生在图书馆停留的时间长短定义为学习时长。

提取学生学习时长特征的方法是遍历图书馆门禁数据，完整地计算某个学生每次进出图书馆刷卡记录之间的时间间隔，这个时间间隔作为该学生在图书馆的一次学习时长，再从如下四个时间段对学生的学习时长进行统计分析：其一，总学习时长；其二，假期非假期学习时长；其三，每个星期学习时长；其四，单次学习时长。根据实际情况，为了合理有效地分析学生的学习情况，可定义单次学习时长在1个小时以上的记录作为一次有效学习记录，统计每个学生的有效学习频次，将有效的学习频次作为学生的一个特征。根据学生出入图书馆的时间和不同时间段来统计学生每次在图书馆学习的时间长度，从学习时长的角度提取25维学生特征。

第二，学习频次特征提取。

根据对图书馆门禁数据的分析，学生在图书馆的学习频次与学生心理健康的相关性较强，因此，学生到图书馆学习的频次，可作为预警学生心理健康是否正常的一个特征。为了统计分析学生在不同时间段的学习情况，需要对学生的学习频次进行细分，下面从四个不同时间段对学生的学习频次进行统计分析：其一，以月份为时间单位进行统计。统计学生一个学年在图书馆学习的频次，由于2月份是放寒假期间，因此该月份不作统计分析，将每个统计值作为预警学生心理健康是否正常的一个特征。其二，以星期为时间单位进行统计。分别统计分析每个星期7天学生到图书馆的学习频次，将这些统计值作为预警学生心理健康是否正常的特征。其三，以天为基准。以小时作为时间区间划分标准，统计一天中学生在不同时间区间在图书馆的学习频次，将这些学习频次作为预警学生心理健康是否正常的特征。其四，特定时间。特征时间指的是节假日等特定时间学生到图书馆学习的频次。

因学生到图书馆学习频次过于笼统，以不同时间长度为单位进行细分，可以根据每月、每个星期、每天以及特定时间为时间单位对学生到图书馆学习的频次进行统计。最后从图书馆门禁数据中提取了58维学生到图书馆学习的频次特征，覆盖了学生在图书馆的不同时间段，全方位地刻画了学生到图书馆学习的频次特征。

（3）借阅数据

到图书馆借还书和学习是在校学生日常主要活动之一，课堂学习之余，许多学生会到图书馆借还书或继续学习，因此通过借阅数据的分析，可以了解学生的课外学习情况，分析心理健康正常的学生与有心理危机的学生在学习习惯方面的差异。

①数据分析

第一，借阅量。

借阅量可作为学生课余时间学习积极性的一个评价标准，学习积极性较高的学生一般借阅量大，积极利用课余时间学习，这些学生学习习惯往往较好，学生每周在图书馆的借阅量如图7-8所示。

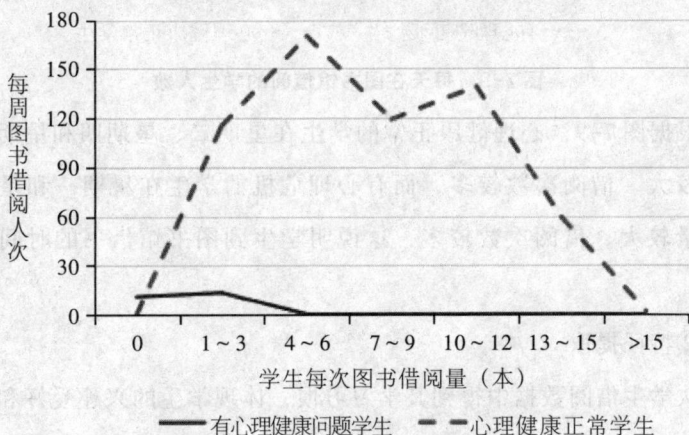

图7-8　学生每周在图书馆的借阅量

通过图 7-8 对学生借阅量的分析，部分学生没有借阅量，表明这些学生没有到图书馆借书的习惯。两个类别学生的借阅量差异很明显，有心理危机的学生没有借阅记录的人数占了该类学生八成以上，而心理健康正常的学生有借阅量的人数占了绝大多数。

第二，借阅量的日期分布。

统计分析每个星期不同日期的学生借阅量，心理健康正常的学生与有心理危机的学生的借阅量差异较大，每天在图书馆借阅的学生人数如图 7-9 所示。

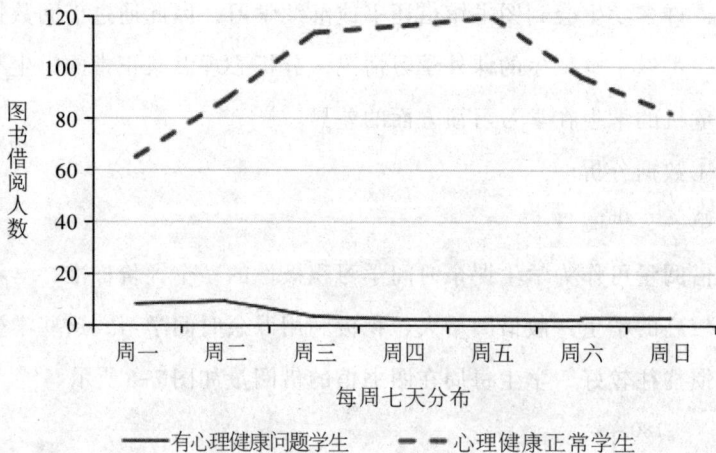

图 7-9　每天在图书馆借阅的学生人数

根据图 7-9，心理健康正常的学生在星期二、星期四和星期五借阅量较大、借阅次数较多，而有心理危机的学生在星期一和星期二借阅量较大、借阅次数较多，这说明学生到图书馆借书的时间有规律性。

②特征提取

从学生借阅数据中得到其学习习惯，体现学生的兴趣爱好和课余学习状态。学生借阅数据特征的提取以统计学生借阅频次为主，根据中图分类法，统计学生借阅各学科书籍的频次，分析学生的兴趣点，将借阅频次最多的五个学科作为学生借阅数据的特征，并单独统计借阅专业课相关的学科书籍频次作为特征。同时，以每个月和每个星期作为时间段统计学生的图书借阅量作为学生借阅数据特征，综合得到25维学生借阅数据特征。

（4）消费数据

学生通过食堂、校园零售店等地方的POS机刷校园卡消费，这些POS机记录了学生的消费数据，并将这些数据上传到服务器。分析这些数据，可以得出学生的消费习惯，而这些消费习惯与心理健康是否正常有一定的关联，可用于心理健康风险预警。

①数据分析

第一，学生食堂正常就餐消费。

当前大多数高校食堂由后勤集团管理并对外承包，营业时间比较长，消费档次较多，早、中、晚餐只能根据时间来界定，学生食堂正常就餐以学生窗口POS记录为准，其余窗口消费以营业点消费为准。

正常早餐时间一般定义为8点之前，对心理健康正常的学生与有心理危机的学生早餐消费数据进行分析，获得他们不同的早餐次数和早餐时间习惯，得出早餐习惯与学习心理健康具有较强的相关性。

根据图7-10的统计分析可知，心理健康正常的学生有吃早餐的记录，而较多有心理危机的学生没有吃早餐的记录。根据早餐数据分析，大部分学生吃早餐时间集中在早上7：20—7：50，少数学生吃早餐时间在早上7：20点之前。综合统计分析学生就餐数据，学生吃早餐的习惯与心理健康是否正常的相关性较高，即能够坚持吃早餐的学生自控能力比较强，有较好的学习和生活习惯，能够遵守纪律，心理健康情况较好。

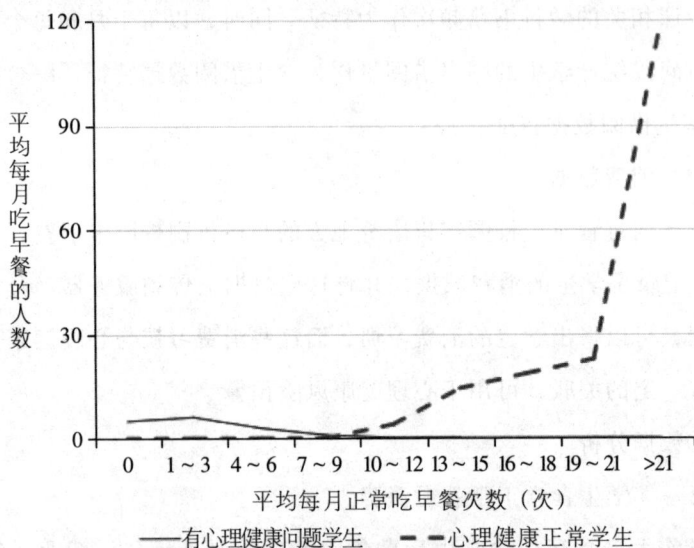

图7-10 学生在食堂吃早餐情况分析

正常中餐时间一般定义为11：30—13：00，在校学生按理应每天在校吃饭，但有部分学生没课期间外出或回家，每个星期在食堂吃中餐平均应有4次。从每月和每周中餐频次统计得出有心理危机的学生中餐频次达不到正常值，比心理健康正常的学生低。

从图7-11的中餐人数统计可知，大部分学生能够正常吃中餐，但有心理危机的学生在食堂吃中餐的人数较少，有较多有心理危机的学生没有吃中餐的记录，而大多数心理健康正常的学生能够坚持吃中餐。

正常晚餐时间一般定义为17：00—18：30，晚餐时间的统计结果与中餐有较大的相似性，表明大部分学生中餐和晚餐的消费习惯相似。学生在食堂吃晚餐情况分析如图7-12所示。

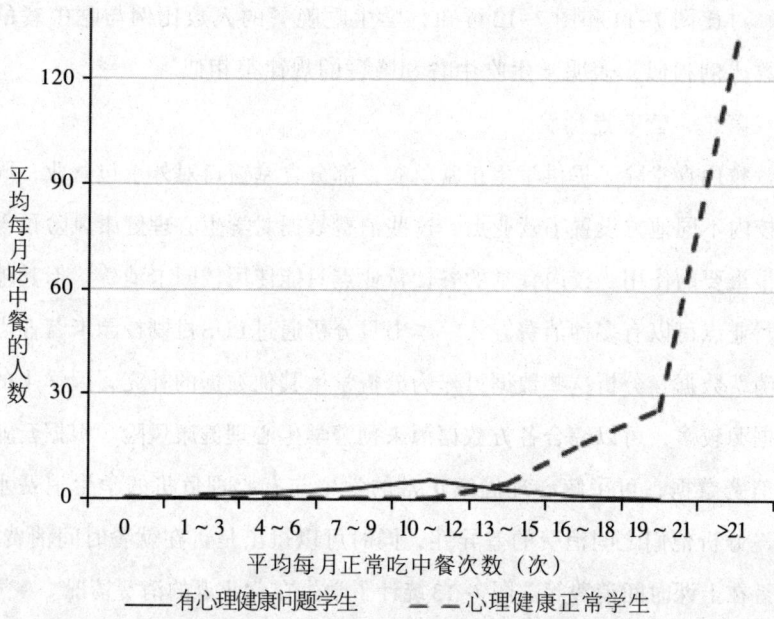

图7-11　学生在食堂吃中餐情况分析

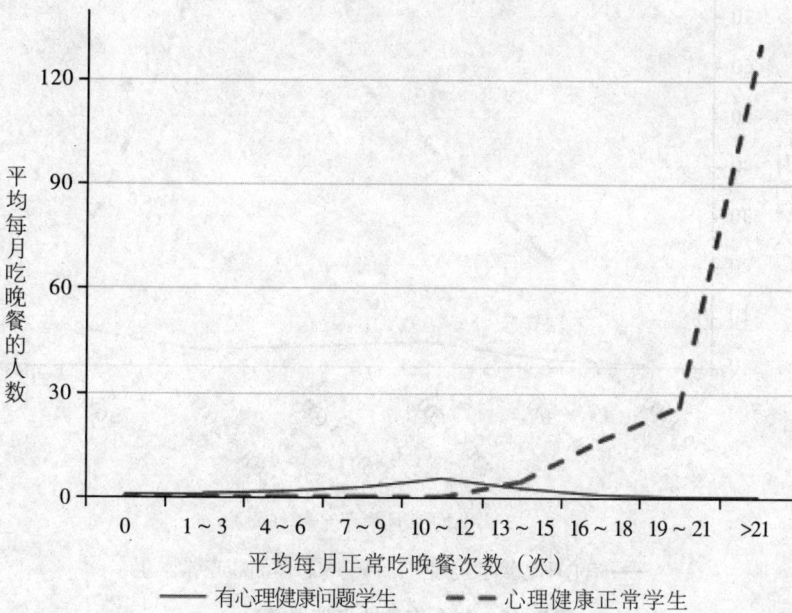

图7-12　学生在食堂吃晚餐情况分析

对比图 7-11 和图 7-12 可知，学生吃晚餐的人数比例与吃中餐的人数比例相似，表明学生吃中餐和晚餐的规律很相似。

第二，营业点消费。

校内食堂除了提供学生正常就餐，部分食堂窗口对外承包营业，同时校内不同地方设置了营业点，这些消费数据对学生心理健康风险预警有很重要的作用。校内食堂的餐饮营业点只能使用校园卡消费，但其他的营业点可以有多种消费方式。本书只分析通过 POS 机刷校园卡营业点的消费数据，分析这些数据可作为分析学生其他数据的补充。因学生的数据源较多，可以综合各方数据源来预警学生心理健康风险。根据营业点消费数据，可了解心理健康正常的学生与有心理危机的学生消费水平，分析他们之间消费的差异性，同时可以得出是否在就餐时间消费、是否在上课时间消费等。图 7-13 统计了学生在营业点的消费情况。

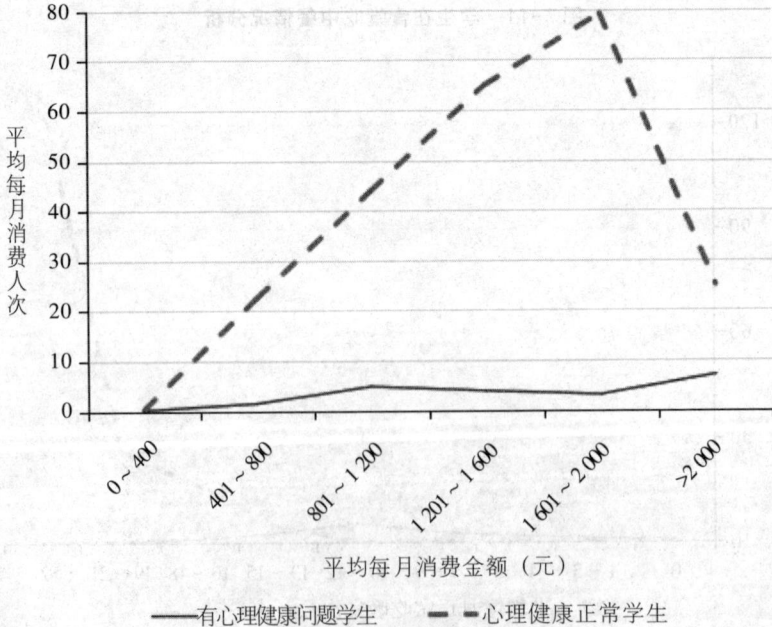

图 7-13　学生在营业点消费情况

根据图7-13对学生在营业点消费情况的分析可知，大多数心理健康正常的学生每月在营业点的消费在1 600～2 000元，而大多数有心理危机的学生每月在营业点的消费在800～1 200元和超过2 000元。这表明心理健康正常的学生有消费的规律，能够坚持每天正常地在食堂就餐，而有心理危机的学生消费习惯较差，多数在营业点购买食品取代食堂的正常用餐。

②特征提取

第一，学生食堂就餐消费特征提取。

食堂就餐消费数据是提取大学生心理健康风险预警所需特征的一个重点，根据对学生食堂就餐数据的分析，食堂就餐消费与学生心理健康状态有较强的关联性，分别统计了学生早餐、中餐、晚餐的频次、时间和消费金额作为学生食堂就餐消费特征。

第二，营业点消费特征提取。

营业点消费数据也是提取大学生心理健康风险预警所需特征的一个重点，部分学生用零食替代正餐，具体表现就是就餐时间在营业点消费的频次较多，而在食堂的消费频次较少。对营业点消费以及营业点消费和食堂消费的比例进行统计，可以提取到这种特征，分别统计了学生在营业点消费的频次、时间和消费金额作为学生营业点消费特征。

综上所述，从学生在食堂、校园零售店等的校园卡消费数据中共提取了132个统计值作为预警大学生心理健康风险的特征。

3）网络日志中的学生特征提取

（1）网络日志分析

①网络空间构建

网络空间和域名库的构建可以更好地理解网络空间和各级域名的

关系，网络空间由三个层次的网址类型构成（即5个主分类，106个次分类，415个子分类），共有526个，分别带有分类号。每个网址类型与域名库中的一条或多条域名对应，域名库由18 269个域名组成。根据网络日志中每条记录的URL信息，在域名库中检索该条记录对应的域名和它的主分类、次分类及子分类。网络空间中网址分类流程如图7-14所示。

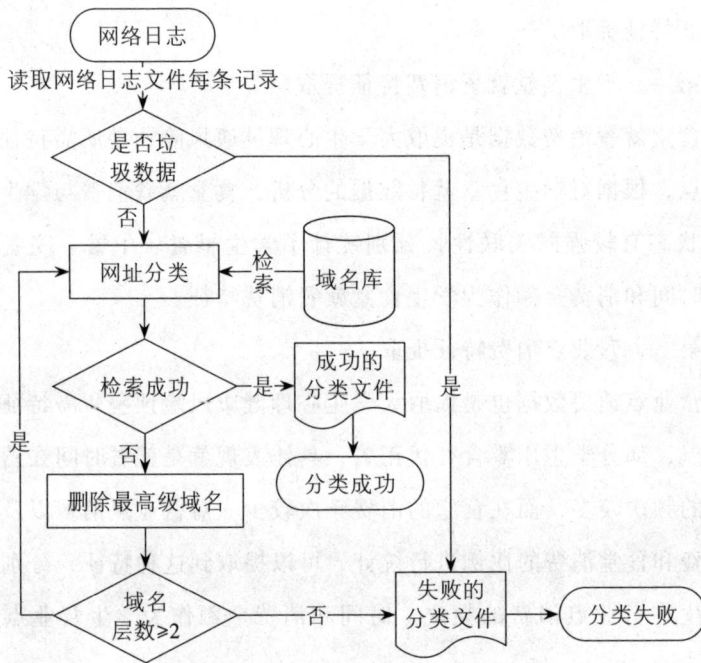

图7-14 网络空间中网址分类流程图

网址在网络空间的分类流程有四个步骤。

步骤1：读取网络日志中每条记录，并根据如下两条标准对其有效性进行判断：第一，以"/"或IP地址开始的URL记录，由于缺乏有效域名，无法解析，视为无效；第二，以".jpg"".gif"".mp3"等结束的表示多媒体或网页加载其他文件的URL数据，属于其他网络资源，无须解析，视为无效。

步骤2：根据"/"切割读取的每条网络日志记录，析出首个"/"之前的部分，即网址的域名。

步骤3：在域名库中检索步骤2得出的域名，若存在该域名，则标记该分类类型；若不存在该域名，则删除该条记录的最高级域名。

步骤4：对步骤3处理后的域名层数进行判断，若层数大于等于2，则返回到步骤3对该域名重新转换；若层数小于2，则表示该网址分类未成功，写入网址分类失败文件。

②访问网址统计

网络日志文件中约74.0%是垃圾数据，用于构建网络空间的数据为20.2%，利用这些数据构建网络空间，得到学生访问网址的分类。分类失败的数据约占5.8%，其中约84.5%的数据是访问网络时从内容服务器加载资源过程中自动生成的记录，这些不是学生主动访问网络生成的记录。通过以上计算，得出网址分类成功率约94.2%。

根据网络日志构建的网络空间对网址进行了分类，获得了网络日志中有效的网址类型，然后建立一个代表学生网络访问情况的F（m，n）特征矩阵，表示编号为m的学生访问网站类型为n的频次。根据已有的网络日志统计共有526种网址分类特征，学生人数为192人，因此特征矩阵表示为F192×526。

③视频时间统计

网络日志记录的在线视频播放URL请求，是在线视频播放器播放视频时给视频服务器提交一类特殊链接的URL请求，该请求提交的频率在几秒到几分钟之间，具有代表性，相同视频网站的URL模式很相似，可以用程序自动识别视频网站的这些特殊链接的URL请求。因此，根据网络日志统计在线视频观看时间是合理和可行的，可以较容易地估算学生观看视频的时间。单独分析学生观看在线视频记录，统计每个学生在线视频观看的时间。学生观看网络视频的特征提取从以下两方面展开。

第一，学生观看视频网站的记录特征。

通过对学生网络日志的分析，学生观看视频的记录具有一定的规律。学生在网上观看视频时，网络日志中会记录完全相同或仅参数不同的 URL，这些记录的条数多，时间跨度大，但是记录之间的时间间隔短。经对不同视频网站的分析和统计，获得不同视频网站的 URL，筛选出 22 个使用最多的主流视频网站的链接模式，分别提取学生观看视频网站的记录。

第二，统计学生观看在线视频的时间。

第 m 个学生观看第 n 个网络在线视频的时间用 V（m，n）表示，s 为相邻的观看视频记录间隔时间的阈值[①]。首先初始化 V（m，n）；其次统计网络日志中相邻的观看视频记录的间隔时间，若该间隔时间超过 s 秒，则该间隔时间为无效的视频观看时间，否则将统计的结果依次存放到 V（m，n）中；最后将每个学生观看不同的在线网络视频的时间进行求和，得到各个学生观看在线视频的时间特征。

④网络浏览时间

根据第 3 章提出的访问网站时间估算方法，估算学生访问每个网络文件花费的时间，再根据网络日志数据，统计每个学生访问不同网络文件花费的时间。浏览网站总时间与浏览次数统计分析如图 7-15 所示。

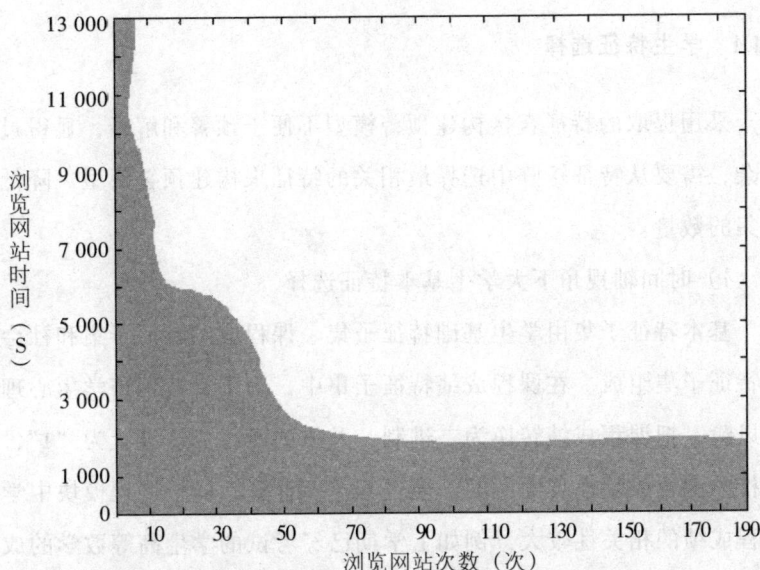

图7-15　浏览网站总时间与浏览次数统计分析

（2）网络日志特征提取

通过对网络日志的分析，统计了学生访问不同网站的频次，估算了观看不同视频的时间和浏览网页时间，提取出对大学生心理健康有影响的68维网络日志特征。

通过上述步骤，完成了对学生数据的特征提取，从学生数据中提取了622维有效特征，其中学生基础特征116维，课程成绩基础特征80维，社会关系特征31维，宿舍门禁数据特征55维、图书馆门禁数据特征58维、消费数据特征132维，借阅数据特征25维，医疗数据特征57维，网络日志特征68维。经过对学生数据的特征提取，每个学生的数据对应一个特征向量，组合所有学生的特征向量组，形成了特征矩阵，该特征矩阵用于预警算法构建大学生心理健康风险预警模型。

7.4.4 学生特征选择

采用提取的特征直接构建预警模型不便于预警和解释，显得过于复杂，需要从特征矩阵中选择最相关的特征来构建预警模型，降低特征集的数量。

1）时间轴视角下大学生基本特征选择

基本特征子集由学生基础特征子集、课程成绩特征子集和社会关系特征子集组成。在课程成绩特征子集中，为了有效预警学生心理健康风险，把课程成绩转换为二进制，及格的课程成绩设置为"1"，不及格的课程成绩设置为"0"。通过相关度计算，同一课程模块中学生课程成绩的相关性较大，例如上学期已经考试的学生高等数学的成绩与本学期还未考试的高等数学成绩、线性代数成绩的相关度为0.72，因此将课程模块中各课程成绩加入课程成绩特征子集。利用这些特征与预警方法结合，构建预警模型。

2）校园卡系统中的大学生特征选择

校园卡数据特征子集由宿舍门禁数据的特征子集、图书馆门禁数据的特征子集、借阅数据特征子集和消费数据特征子集组成。校园卡数据特征子集包括学生早出频次、晚归频次、图书馆学习频次、图书馆学习时长、图书借阅频次、图书借阅量、食堂早餐消费频次、食堂中餐消费频次、食堂晚餐消费频次、营业点早餐消费频次、营业点中餐消费频次、营业点晚餐消费频次等。采用特征选择方法，完成了对学生校园卡数据特征的选择。这些特征从数据层面对学生进行了个性化描述，是学生的数据身份证，刻画了学生作息规律的各方面。

3）网络日志中的学生特征选择

网络日志特征子集由访问网站频次特征子集、观看视频时间特征子集和浏览网页时间特征子集组成，从以下三个方面进行特征选择。

（1）访问网站频次的特征选择

网络空间中网址特征较多，但对于大学生心理健康风险预警来说，这些特征并不都有价值，需要筛选这些特征，找出最有价值的那些特征。选择标准如下：

第一，选出的特征记录包括心理健康正常的学生和有心理健康问题的学生。

第二，访问该特征的学生人数不少于20人。

第三，该特征向量与心理健康问题向量的相关系数①大于0.12。

根据上述特征选择的标准，有10个特征符合条件，具体见表7-2。

表7-2 选择后的网站特征

序号	名称	级别	相关系数
1	娱乐和休闲	顶级类	0.26
2	电影电视	主类	0.27
3	新闻	主类	0.19
4	视频	子类	0.25
5	在线聊天	子类	0.25
6	游戏	子类	0.25
7	旅行	子类	0.26
8	在线游戏	子类	0.19
9	游戏公司	子类	0.17
10	电影	子类	0.17

---

① 刘彤，齐慧冉，倪维健. 基于多层特征融合的学生成绩预测模型 [J]. 计算机工程与设计，2023，44（10）：2973-2978.

这10个特征分别来自3层网站类型。

顶级类：娱乐和休闲；

主类：电影电视，新闻；

子类：视频，在线聊天，游戏，旅行，在线游戏，游戏公司，电影。

（2）观看视频时间的特征选择

根据相关度计算，"电影电视"、"在线聊天"和"视频"等类型的上网频次与学生心理健康的相关度较大。观看在线视频时间容易统计，并能取得较精确的结果，该特征与学生心理健康的相关度较大。因此，在心理健康预警模型中增加视频类型的上网频次和视频观看时间这两个特征。

（3）浏览网页时间的特征选择

学生利用网络既可以学习也可以娱乐，因此计算浏览网页时间在某种程度上能够反映学生学习的心理健康情况。根据网站分类，计算学生在不同类型网站上花费的时间，就能估算不同学生上网的类型[1]。浏览网页时间包括浏览网页的总时间、网站中关键网页类型的浏览时间等。例如，根据相关度计算，在线聊天、视频、游戏等与学生心理健康的相关度较高。

利用特征选择方法提取学生特征，选出对学生心理健康影响较大的特征子集，得出学生基础特征、课程成绩特征、医疗数据特征、社会关系、起居就寝、图书借阅、图书馆学习、食堂消费、营业点消费、看网络视频频次与时间、看电影频次与时间、游戏频次与时间、旅行频次与时间、在线聊天频次与时间、浏览网页的时长、关键网页类型的浏览时间等对学生心理健康有影响。完成特征选择后，对心理

---

① 贾芝婷. 云边协同下 Spark 数据倾斜改进及决策树并行化应用研究 [D]. 石家庄：河北经贸大学，2022.

健康风险预警起关键作用的特征有62维，具体是学生基础特征10维、课程成绩特征8维、社会关系特征5维、宿舍门禁数据特征6维、图书馆门禁数据特征6维、消费数据特征10维、借阅数据特征7维、医疗数据特征5维、网络日志特征5维。

7.4.5 基本模型并行化处理

由于本书强调大学生心理健康风险预警模型对教育实践的指导意义，因而预警模型采用处理海量数据效率高、可读性和解释性较强的分类回归树模型、逻辑回归模型和贝叶斯模型，神经网络和SVM等模型主要起参考作用。本部分采用Hadoop平台分别对分类回归树模型、逻辑回归模型、贝叶斯模型并行化处理。

1）分类回归树模型并行化处理

分类回归树模型并行化处理中需将大数据集划分成不同的数据块，同时需要对划分后的数据块的连续属性值进行排序[①]。利用MapReduce并行化的优点[②]，采用多个Reduce对数据并行处理，但MapReduce的排序功能仅能对单个Reduce的输出值进行排序，无法确保整个Reduce的输出值整合起来依然有序[③]。为了解决上述问题，在并行化处理算法中，结合MapReduce的排序功能和并行化处理的优点[④]，对大数据进行分块，确保第m个数据块的最大属性值小于第（m+1）个数据块的最小属性值，划分后的数据块就能够进行排序，再将排序后的数据块依顺序进行合并，达到合并后的数据在整体上有序。为了实现上述目的，首先对大数据集进行抽样，找到划分点；其

---

① 谷函哲. 基于Mapreduce并行化的知识库三元组去噪方法研究 [D]. 北京：首都经济贸易大学，2022.
② 余明辉，张良均. Hadoop大数据开发基础 [M]. 北京：人民邮电出版社，2018.
③ 邢洪波. 基于Hadoop的医疗数据存储的研究 [D]. 沈阳：沈阳工业大学，2023.
④ 杜萌. 快速稀疏多元逻辑回归与分布式并行化 [D]. 重庆：重庆邮电大学，2020.

次根据已排序的抽样，分配待排序的数据给相应的 Reducer 处理；最后将各个 Reducer 的输出进行合并，生成整体上依次有序的数据集。

确定抽样数量的方法是：（1）设定对连续属性值数据块的抽样数目相同。若连续属性值的数据块大小为 Q（M），属性的数目为 K，以 64M 作为基本单位进行划分，则抽样的数目 S_number=Q÷K÷64。（2）设 Sample_inter 为抽样间隔，则 Sample_inter = Tuple_number/（S_number+1），其中 Tuple_number 为元组的总数目。（3）Reducer 的数目在排序时是根据抽样的总数确定的。

分类回归树模型并行化处理步骤如下"

设 A_n 为属性的数目，D_a[k]（0<=k<A_n）为决策属性，C_a[k]（0<=k<A_n）为连续属性集合，S_i 为连续属性数据块的抽样间隔，T_n 为元组的数目，{Tu[k] | (0<=k<T_n)} 为元组集合，Tu_N =% S_i（抽样间隔）为元组编号。

（1）计算 A_n，D_a[k]，C_a[k]，S_i。

（2）利用 MapReduce 对连续属性值的数据块进行抽样，在主函数 main 中将 A_n 和 S_i 发送给 Mapper，若 Tu_N=0 则数据块 DataBlock[k] =C_a[k]. value。

（3）对 DataBlock [k] 进行排序。

（4）利用 MapReduce 对连续属性值的数据块进行排序，其步骤如下：

输入：根据记录输入连续属性值的数据块。

输出：属性值已排序的数据块。

初始化：设数据块每条记录为 Rd[β]（0<=β<记录总数），则每条记录的内容为 Rd[β] = (C_a[β]. Number, C_a[β]. value, D_a[β]. value, T_n, {Tu[k] | (0<=k<T_n)})。

①Map工作流程如下：

输入<key=Rd[β] 的字节偏移，value=Rd[β] >；

输出 <key，value>，其中：key= （C_a[β]. Number），value= （C_a[β]. value，D_a[β]. value，T_n，{Tu[k] | (0<=k<T_n) }，Reducer_Number)。

利用 Partitioner 将 Map 的输出 Reducer<key，value>提交给对应的 Reducer。

②Reduce工作流程如下：

输入<key，value>，其中：key= （C_a[β]. Number），

value= （C_a[β]. value，D_a[β]. value，T_n，{Tu[k] | (0<=k<T_n) }，Reducer_Number)。

输出<key，value>，其中：key= （C_a[β]. Number），

value= （C_a[β]. Number，D_a[β]. value，T_n，{Tu[k] | (0<=k<T_n) })。

输出：将 C_a[β]. Number 相同的各个输出<key，value>组成一个集合，生成多个属性值已排序集合。

（5）利用 MapReduce 计算每个属性对应的 Gini 指数，其步骤如下：

输入：数据集 D；

输出：Gini(D)。

①Map流程如下：

输入<key=Rd[β] 的字节偏移，value=Rd [β] >

输出<key，value>，其中：key= （C_a[β]. Number），

value= （C_a[β]. value，D_a[β]. value，T_n，{Tu[k] | (0<=k<T_n) }，Reducer_Number)。

②Reduce流程如下：

初始化：设R为分割属性值，Tu［1］为第1段元组数目和对应集合D_1，Tu［2］为第2段元组数目和对应集合D_2。

输入<key=Rd[β] 的字节偏移，value=Rd[β] >；

输出<key=C_a[β]. Number, value=（Gini, Tu［1］, Tu［2］）>。

（6）设r为Gini指数的最小分裂属性，将r作为分裂属性将数据集D分割为D_1和D_2两个子集，生成决策规则集$\overline{RS}$。若分割属性值R是离散的，决策规则为（r, R）和（r,! R）；若分割属性值R是连续的，决策规则为（r, ≤R）和（r, >R）。

（7）设决策树的最大高度为C_h。

（8）whileC_h小于最大值，执行步骤（9）至（13）。

（9）if C_h=1

｛

将初始取得的不完整决策规则集$\overline{RS}$中属性值转换为属性值对应的编号；若最小分裂属性r是离散的，决策规则为（r, 0）和（r, 1）；若最小分裂属性r是连续的，决策规则为（r, 0）和（r, 1）。

｝

（10）根据$\overline{RS}$，利用MapReduce分割上次取得的属性数据集。

（11）利用MapReduce计算各属性相应的Gini指数。

（12）计算 $\{\overline{rs[i]}|i \in (1, 2, ..., m)\}$ 的Gini指数最小分裂属性。如果各$\overline{rs[i]}$的属性值都归属于类别C，则C作为对应树枝的树叶，并标记该条决策规则是完整的，记为rule，RS=RS∪rule；如果各$\overline{rs[i]}$的属性值不全归属于类别C，则计算各$\overline{rs[i]}$相应的最大增益属性r，并以r为结点，根据其取值R，生成两个树枝，并生成一系列的$\overline{rs[j]}$, j∈(1, 2, …, n)，$\overline{RS}=\overline{RS}∪\overline{rs[i]}$。

（13）if $\overline{RS} \neq \Phi$

{

C_h=C_h+1；

转到步骤（8）继续执行；

}

Else　·

{

$\overline{RS} = \Phi$；

return；

}

2）逻辑回归模型并行化处理

（1）逻辑回归模型并行实现方法

通过增加惩罚因子解决逻辑回归学习过程中的过拟合问题，优化模型训练的结果[①]。设特征矩阵 $F \in A^{k \times n}$ 的第一列表示预警模型的解释，并设置该列所有的值为1。设 $r \in A^k$，$r_i \in \{-1, 1\}$，将 i（$1 \leqslant i \leqslant k$）行的问题转化为式（7–1）的最小化。

$$\frac{1}{k} \sum_{i=1}^{k} \log(1 + \exp(-r_i F_i^\mathsf{T} \beta)) + \theta \|x\|_2^2 \tag{7-1}$$

式（7–1）中 θ 是正则因子。在 Hadoop 平台上，并行化处理优化过程中训练子集的中间结果，并根据中间结果在每次迭代中达到一致性解决方案，采用迭代计算方法，实现模型参数优化的目标。用并行处理方式，同时解决了迭代的时间复杂度和空间复杂度[②]。设在 Hadoop 集群中有 n 台计算机，根据上述思路对训练集进行分解，可用式（7–2）的最小化来解决逻辑回归问题。

---

① 白树虎. 基于大数据和机器学习的心理危机个体识别模型［J］. 电子设计工程，2023，31（13）：17-21.
② 刘晓琳. 带有结构稀疏的逻辑回归模型研究及其应用［D］. 北京：中央民族大学，2023.

$$\frac{1}{k}\sum_{i_1=1}^{k_1}\log\left(1+\exp(-r_{i1}F_{i1}^{T}\beta_1)\right)+\cdots+\frac{1}{k}\sum_{i_n=1}^{k_n}\log\left(1+\exp(-r_{in}F_{in}^{T}\beta_n)\right)+\theta\left\|\sigma\right\|_2^2 \quad (7\text{-}2)$$

式（7-2）中 $\beta_j - \sigma = 0$，$j = 1$，…，n，节点为 j 的逻辑回归参数是 $\beta_j \in A^n$，$\sigma \in A^n$ 是基于全局一致性的一种局部表示方式，逻辑回归模型的结果由参数的向量决定。式（7-2）中 $\beta_j - \sigma = 0$ 作为约束条件，确保逻辑回归参数估计的正确性。根据式（7-2），有下面四个公式。

$$\beta_j^{\gamma+1}: = \arg\min\frac{1}{k_j}\sum_{i_1=1}^{k_j}\log\left(1+\exp(-r_iF_i^{T}\beta)\right)+\frac{\delta^{\gamma}}{2}\left\|x_j-\sigma^{\gamma}+\mu_j^{\gamma}\right\|_2^2 \quad (7\text{-}3)$$

$$\sigma^{\gamma+1}: = \begin{cases} \beta_p^{-\gamma+1}+\mu_p^{-\gamma}, & p = 1 \\ \left(\dfrac{n\delta^{\gamma}}{2\theta+n\delta^{\gamma}}\right)/\left(\bar{\beta}_p^{\gamma+1}+\bar{\mu}_p^{\gamma}\right), & p \neq 1 \end{cases} \quad (7\text{-}4)$$

$$\mu_j^{\gamma+1}: = \mu_j^{\gamma}+\beta_j^{\gamma+1}-\sigma^{\gamma+1} \quad (7\text{-}5)$$

$$\delta^{\gamma+1}: = \begin{cases} 2\delta^{\gamma}, & \left\|a^{\gamma}\right\|_2 > 10\left\|d^{\gamma}\right\|_2 \\ \dfrac{\delta^{\gamma}}{2}, & \left\|d^{\gamma}\right\|_2 > 10\left\|a^{\gamma}\right\|_2 \\ \delta^{\gamma}, & \text{Other} \end{cases} \quad (7\text{-}6)$$

其中，迭代步数用 γ 表示，第 γ 步迭代中惩罚因子用 δ^{γ} 表示，各个 mapper 中逻辑回归模型参数向量的第 p 个元素用 $\bar{\beta}_p$ 表示，d^{γ} 表示第 γ 步迭代的数据，a^{γ} 为第 γ 步迭代的特征向量。

在 map 阶段，各个 map（）函数完成对应模型参数 β_j 的计算任务时，用 reduce（）函数对参数 σ^{γ} 和 μ^{γ} 进行更新。

（2）数据分块的并行处理

逻辑回归模型参数 $\beta^{\gamma+1}$ 的值在 $\gamma + 1$ 次迭代中需计算出来，而在同一个 mapper 中需要计算出 γ 次迭代的 μ_j^{γ} 值来得到该参数的值。map（）函数生成的各向量，用 reduce（）函数求和运算。reduce（）函数计算的结果需要先被 β^{γ} 引用，然后才能启动 map（）函数的 $\gamma + 1$

次迭代。可用下述两种方法并行处理数据分块。

第一种方法。在Hadoop平台上，根据HDFS中数据位置的一致性策略采用数据分块方法将 β_j 和 μ_j 进行关联。数据分块就是将大数据集分割成多个数据块，各数据块分配不同的识别号ID，这些ID明确了数据块的大小和在具体节点上的应用。为保证对应到正确的 μ_j，map（）函数根据读取的ID信息选择对应的 μ_j 值，以防计算 β_j 时误选其他的 μ_j，σ 值也是采用上述方法来处理，同时，在所有map（）函数进行迭代的起始处保留当前 σ 值，以便节省传输时间。

第二种方法。在Hadoop平台上，利用setup（）函数来完成数据分块的并行处理。Hadoop收到用户提交的任务后，首先利用反馈机制在runNewMapper（）或runOldMapper（）中进行实例化具体的Mapper子类，接着调用该对象的run（）函数。由于Hadoop需要给setup（）函数传送Configuration等一些数据，因此setup（）函数在run（）函数的开始处需要被调用，上述传送的这些数据要求有持久性的特点[1]。采用第二种方案时，由于Hadoop无法满足这些持久性数据的要求，而 δ 值确定了迭代的步数和最后的收敛，因此，需要在reduce（）函数中对参数 δ 值的计算进行更新。在初始时，设置了MI作为迭代步数的最大值。

（3）逻辑回归模型并行化处理步骤如下

①Map工作流程。

第一步。将大数据集分割成不同的数据块，给各数据块分配对应的识别号（splitID）。

第二步。对逻辑回归系数进行初始化处理，确定F（特征矩阵）、b（目标向量）、n（map节点个数）和MI（最大迭代步数）。

---

① 张坤. 树增强朴素贝叶斯算法的改进及其并行化研究 [D]. 长沙: 长沙理工大学, 2019.

第三步。采用式（7-3）计算第 γ 步中 β^γ 的值，在 Hadoop 中进行迭代计算。

第四步。采用式（7-4）计算第 γ 步中 σ^γ 的值，在 Hadoop 中进行迭代计算。

第五步。采用式（7-5）计算第 γ 步中 μ^γ 的值，在 Hadoop 中进行迭代计算。

②Reduce 工作流程。

第六步。采用式（7-6）计算第 γ 步中 δ^γ 的值，若 $\gamma>MI$，则进行下一步工作，并在 Hadoop 中进行迭代计算；若 $\gamma\leqslant MI$，则循环结束，并将数据写到 HDFS 中。

第七步。若参数不收敛，则返回第三步，继续执行循环；若参数收敛，则流程结束，并将数据写到 HDFS 中。

3）贝叶斯模型并行化处理

贝叶斯并行分类算法基本思路是对训练集和测试集进行分块分解，对各个数据分片采用多节点并行构建和测试模型，降低了构建和测试模型的时间[①]。模型的训练和测试采用哈希表来实现，哈希表结构见表 7-3。

表 7-3　　　　　　　　　　哈希表结构

哈希表名	键	值	说明
HR	类别 θ_i	θ_i 的样本数	$1\leqslant i\leqslant m$
HPR	类别 θ_i	θ_i 先验概率	$1\leqslant i\leqslant m$
HA	属性编号 β	属性 a_β 的取值个数	$1\leqslant\beta\leqslant n$
HPd	$\beta\rightarrow d_\beta\rightarrow\theta_i$	d_β 的条件概率 $P(d_\beta|\theta_i)$	$1\leqslant\beta\leqslant n$ $1\leqslant i\leqslant m$

① 陈佳明，骆力明，宋洁. 大学基础课课程成绩加权投票预测模型研究 [J]. 现代电子技术，2020，43（1）：93-98.

表7-3中各符号说明如下：m表示类别数量，n表示属性数量，a_β表示样本集中第β个属性，$\beta \rightarrow d_\beta \rightarrow \theta_i$表示第$\beta$个属性取值为$d_\beta$且类别为$\theta_i$的样本。

设样本集中每行记录为一个样本，样本类别θ_i置于每行末端，表示为：d_1，d_2，…，d_n，θ_i。在样本文件中存放样本集的类别和属性描述信息，样本集中所有类别$\Theta = \{\theta_1, \theta_2, …, \theta_m\}$作为一条记录存放在文件的首行，表示为：$\theta_1$，$\theta_2$，…，$\theta_m$。从第2行开始存放所有属性的取值，表示为：$a_1$，$a_2$，…，$a_n$。

贝叶斯模型并行化处理主要步骤如下：

（1）设T1为MapReduce的一个任务，采用MapReduce（T1）对训练集分块，并行计算样本集中各个类别所有的样本，并行计算$\beta \rightarrow d_\beta \rightarrow \theta_i$。

①Map工作流程。

输入：训练集数据块

输出：list（<$\rightarrow \theta_i$，1>），list（<$\beta \rightarrow d_\beta \rightarrow \theta_i$，1>）

map（key=d的字节偏移，value= d）{

output（<$\rightarrow \theta_i$，1>）;

for each d_β of a[]{

output（<$\beta \rightarrow d_\beta \rightarrow \theta_i$，1>）;

}

}

② Reduce主要工作流程。

输入：<$\rightarrow \theta_i$，list（1，1，…）>，<$\beta \rightarrow d_\beta \rightarrow \theta_i$，list（1，1…）>

输出：list（<$\rightarrow \theta_i$，numbers>），list（<$\beta \rightarrow d_\beta \rightarrow \theta_i$，numbers>），统计样本数numbers的值是list（1，1，…）中1的个数

reduce（key=$\rightarrow \theta_i$或$\beta \rightarrow d_\beta \rightarrow \theta_i$，values=list（1，1，…））{

numbers =llist（1，1，…）l;

output（<key, numbers>）;

}

（2）从T1的输出文件（设输出文件为OFS）的主函数获取 θ_i 和 $\beta \rightarrow d_\beta \rightarrow \theta_i$ 的样本数目，计算先验概率 $P(\theta_\beta)$ 和属性值 d_β 的条件概率 $P(d_\beta|\theta_i)$。

主函数 main（）主要处理流程如下：

输入：训练集中样本数目TN和记录数据集类别与属性信息的文件RAF

输出：存储 $P(\theta_\beta)$ 的文件CF和存储 $P(d_\beta|\theta_i)$ 的文件DF

main（）{

定义HR、HA和HPd;

for each OFS of T1 {

for each d_β of OFS {

将 d_β 的key和value分解并存入数组h[ ];

if（h [0]. startsWith（"→"））{

numbers =Integer.parseInt（h [1]）;

将类别和样本数以<θ_i, numbers>存入HR;

$P(\theta_\beta)$ = numbers/NT;

将 θ_i 和 $P(\theta_\beta)$ 作为一行记录保存到文件CF中;}

}

}

读取RAF第一行所有类别 θ_i，并将 θ_i 存入 θ[ ];

β=1; //β是属性编号

for each d_β（$\beta \geq 2$）of RAF{

读取 d_β 中第 β 个属性的所有取值并存入a[ ];

计算 a.length；

将 β 及 q 以 <β，q> 存入 HA；

for each $d_β$ of a [ ] |

for each $θ_i$ of θ[ ]|

key=β → $d_β$ → $θ_i$；

P($d_β$|$θ_i$)=1/（HC.get（$θ_i$）+q）；

将 <key，P($d_β$|$θ_i$)> 存入 HPd ；|

}

β + +；

}

for each OTS of T1 |

for each $d_β$ of fp |

将 $d_β$ 的 key 与 value 分解并存入 h [ ]；

if （! h [0]. startsWith（"→"））|

从 h [0] 中解析出 β、$d_β$ 和 $θ_i$；

|$θ_i$|= HC.get（$θ_i$）和 q= HA.get（β）；

|$d_β$|=Integer.parseInt（h [1]）；

P($d_β$|$θ_i$)=（|$d_β$|+1）/（|$θ_i$|+q）；

<β → $d_β$ → $θ_i$，P($d_β$|$θ_i$)> 存入 HPd ；|

}

}

保存 HPd 到 DF 中；

}

（3）文件 CF 和 DF 通过主函数被设置为分布式缓存文件，并分发给所有节点。

（4）设 T2 为 MapReduce 的一个任务，采用 MapReduce（T2）测

试模型，其中，Map并行计算测试集数据块 $P(d|\theta_i)P(\theta_i)$，判断样本预警的正确性，Reduce统计预警正确的样本数目，并计算预警准确率。为了便于预警准确率的计算，设定Reduce只有1个任务。

①Map主要工作流程如下：

输入：测试集分块，CF和DF

输出：list（<CN，1>）//CN统计分类正确的样本数目

setup（）{

读取CF中 θ_i 和 $P(\theta_\beta)$，将 θ_i 存入 $\theta[\,]$，将 <θ_i，$P(\theta_\beta)$> 存入HPR；

读取DF中 $\beta \to d_\beta \to \theta_i$ 和 $P(d_\beta|\theta_i)$，<$\beta \to d_\beta \to \theta_i$，$P(d_\beta|\theta_i)$> 存入HPd；

}

map（key=d的字节偏移，value=d）{

将d的各属性值和 θ_i 分解，将属性值存入 a[\,]；

$P_{max}=0$；// P_{max} 表示 $P(d|\theta_i)P(\theta_i)$ 的最大值

preθ_i=""；//preθ_i是d的预警结果

for each θ_i of $\theta[\,]${

读取HPR中 $P(\theta_\beta)$；

temp=1；

for each d_β of a[\,]{

读取HPd中 $P(d_\beta|\theta_i)$；

temp = temp $\times P(d_\beta|\theta_i)$；

}

$P(d|\theta_i)$=temp；

if（$P(d|\theta_i)P(\theta_i) > P_{max}$）{

preθ_i= Rs；

$P_{max} = P(d|\theta_i)P(\theta_i)$；

```
    }

    }

    if（preθ_i==Rs）{//样本预警正确

    output（<CN, 1>）;

    }

    }
```

②Reduce主要处理流程如下：

输入：<CN, list（1, 1, …）>, 测试集的样本数 TN

输出：acc; //预警准确率

```
reduce（key=CN, values=list（1, 1, …））{

CN=|list（{1, 1, …}）|;
```

$$acc = \frac{CN}{NT};$$

```
output（<"准确率：", acc>）;

    }
```

7.4.6　预警结果评估及比较

根据已选择的特征和模型选取方法，选取分类回归树、逻辑回归和贝叶斯三种预警模型，并采用加权投票法组合预警模型[①]。分别对上述三种模型和组合模型并行化处理后，得到 Hadoop 平台下的分类回归树模型（P-CART）、逻辑回归模型（P-Logistic）、贝叶斯模型（P-NB）及组合预警模型（PM-Model）。

1）评价指标和验证方法

（1）评价指标

本部分采用了灵敏度、特异性和准确率等评价指标对预警模型进

----

① 杜德鹏. 多因素耦合预测的建模及应用研究［D］. 烟台：烟台大学，2023.

行评价[①]。灵敏度表示被正确预警出有心理健康风险的学生人数与实际上有心理健康问题的学生总人数的比例；特异性表示被正确预警出心理健康正常的学生人数与实际上心理健康正常的学生总人数的比例；准确率表示被预警模型正确识别有心理健康风险的学生人数与学生总人数的比例[②③]。

（2）验证方法

本研究采用留一交叉验证法和保留法评估预警模型的效果，将学生数据集划分为训练集和测试集两个互斥的集合。采用训练集对预警模型进行训练，利用测试集计算模型的测试误差，用来评估模型的泛化误差，训练集由随机选择清洗后60%的数据组成，测试集由剩下40%的数据组成。

2）时间轴视角下的预警模型评估及比较

采用时间轴视角下大学生特征，以采集的192名学生数据为数据集预警大学生心理健康风险，使用留一交叉验证法评估模型所得到的灵敏度、特异性和准确率如图7-16所示。

根据图7-16，P-NB、P-Logistic、P-CART和PM-Model的准确率依次为80.50%、80.80%、82.20%和90.10%，表示预警大学生心理健康风险的准确率依次提高；这四种模型的灵敏度依次为50.50%、51.40%、56.20%和89.30%，表示预警大学生心理健康风险的能力依次增强，但较多有心理健康风险的学生被预判为正常学生，这个结果达不到满意的要求；这四种模型的特异性依次为85.40%、86.10%、86.60%和89.50%，表示正确计算出大学生心理健康正常的概率依次提升，大部分心理健康正常的学生预警正确。

① 雷天奇. 高校学生行为挖掘分析与成绩预测方法研究 [D]. 咸阳：西北农林科技大学，2021
② 郑友杰. 基于网络日志的高校学生成绩预测系统的研究与实现 [D]. 重庆：重庆大学，2021
③ 余嫱，柯敏，农彬彬. 大学生学习心理危机及预警机制研究 [J]. 长江大学学报（社会科学版），2012，35（7）：128-129.

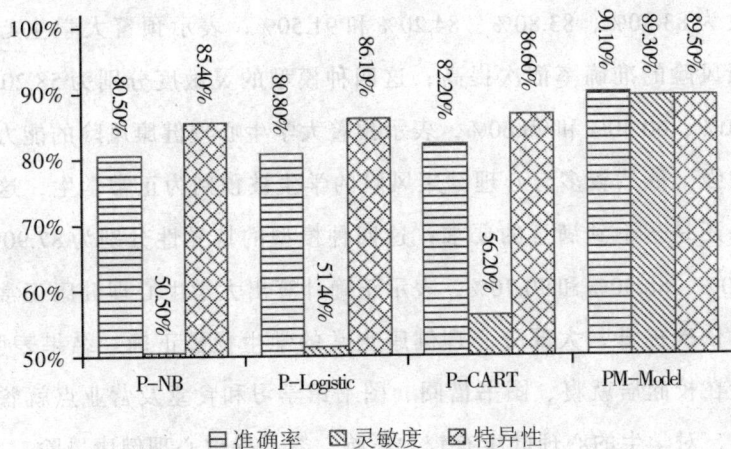

图7-16 时间轴视角下的预警模型评估及比较

3）基于校园卡系统的预警模型评估及比较

采用校园卡系统中的大学生特征，以采集的192名学生数据为数据集预警大学生心理健康风险，使用留一交叉验证法评估模型所得到的灵敏度、特异性和准确率如图7-17所示。

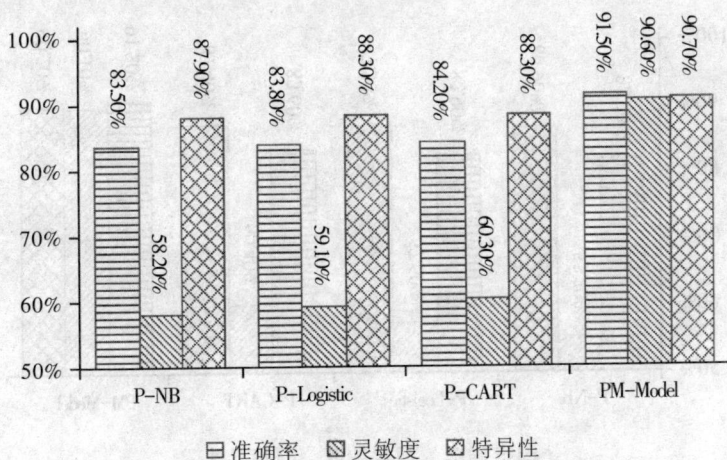

图7-17 基于校园卡系统的预警模型评估及比较

根据图 7-17，P-NB、P-Logistic、P-CART 和 PM-Model 的准确率、灵敏度和特异性均略大于图 7-16 的结果；这四种模型的准确率依次为83.50%、83.80%、84.20%和91.50%，表示预警大学生心理健康风险的准确率依次提高；这四种模型的灵敏度分别为58.20%、59.10%、60.30%和90.60%，表示预警大学生心理健康风险的能力依次增强，依然较多有心理健康风险的学生被预判为正常学生，这个结果还是达不到满意的要求；这四种模型的特异性分别为87.90%、88.30%、88.30%和90.70%，表示正确计算出大学生心理健康正常的概率依次提升，大部分心理健康正常的学生预警正确。结果表明，学生在校起居就寝、图书借阅、图书馆学习和食堂及营业点就餐消费等，对学生的心理健康有较大影响，容易导致心理健康风险。

4）基于网络日志的预警模型评估及比较

采用基于网络日志的学生特征，以采集的192名学生数据为数据集预警大学生心理健康风险。网络日志数据量大，不适合利用留一交叉验证法评估预警模型，因此本部分使用保留法评估预警模型所得的灵敏度、特异性和准确率如图7-18所示。

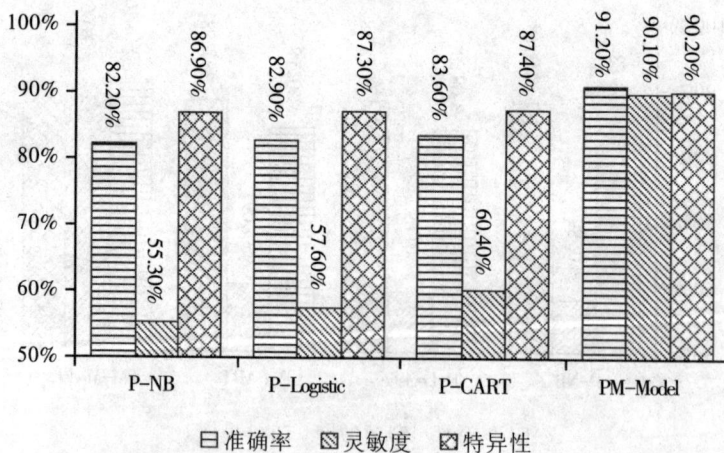

图7-18 基于网络日志的预警模型评估及比较

根据图7-18，这四种模型的预警效果介于图7-16和图7-17的结果中间，即略高于图7-16的结果。PM-Model的准确率、灵敏度和特异性均优于其余三种模型。结果表明，学生上网情况能够对其学习心理健康产生影响。

5）基于特征组合的预警模型评估及比较

（1）组合基于时间轴和校园卡数据的学生特征

采用基于时间轴和校园卡数据的学生特征，以采集的 192 名学生数据为数据集预警大学生心理健康风险，使用留一交叉验证法评估模型所得到的灵敏度、特异性和准确率如图 7-19 所示。

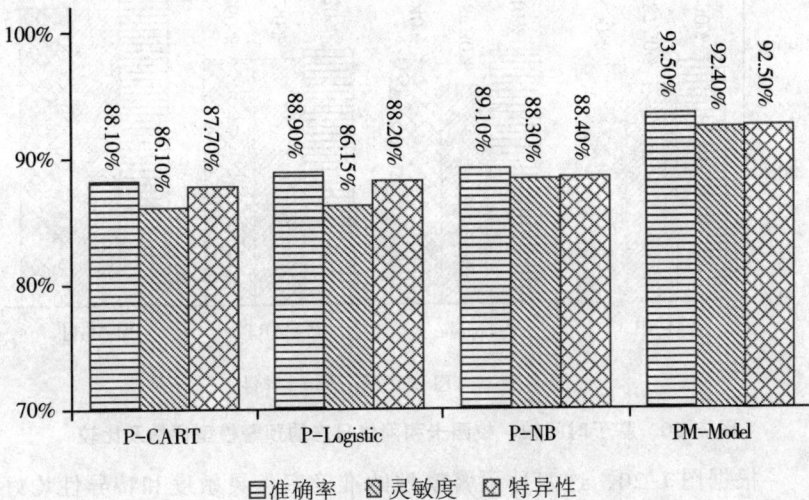

图 7-19　基于时间轴和校园卡的预警模型评估及比较

根据图 7-19，这四种预警模型的准确率、灵敏度和特异性均好于图 7-17 的结果，PM-Model 的准确率最高；P-CART、P-Logistic、P-NB 和 PM-Model 的灵敏度依次为 86.10%、86.15%、88.30% 和 92.40%，即只有较少的有心理健康风险的学生被预判为正常学生，这结果已达到初步要求；这四种模型的特异性依次为 87.70%、88.20%、88.40% 和 92.50%，即多数心理健康正常的学生预警正确。结果表明，组合基于时间轴和校园卡数据的学生特征能够较好地预警大学生心理健康风险。

（2）组合基于时间轴、校园卡数据和网络日志的学生特征

采用基于时间轴、校园卡数据和网络日志的学生特征，以采集的 192 名学生数据为数据集预警大学生心理健康风险。使用保留法评估预警模型所得到的灵敏度、特异性和准确率如图 7-20 所示。

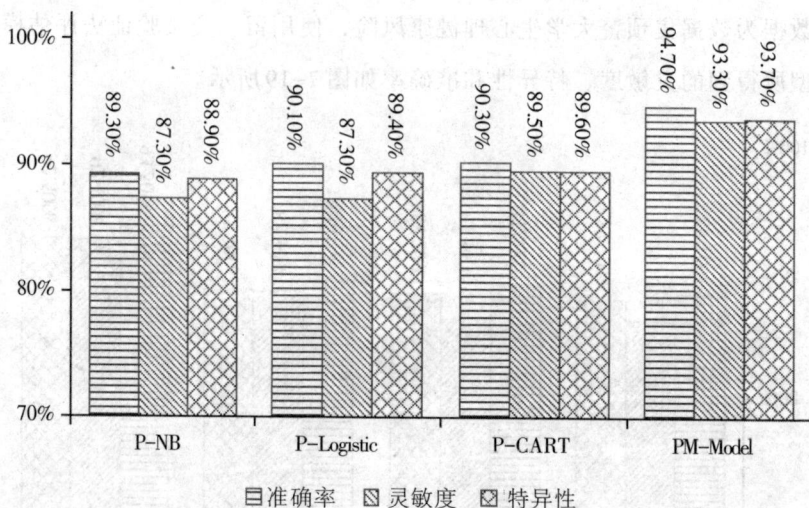

图 7-20　基于时间轴、校园卡和网络日志的预警模型评估及比较

根据图 7-20，这四种预警模型的准确率、灵敏度和特异性均好于图 7-19 的结果，PM-Model 的准确率、灵敏度和特异性的效果最好；P-NB、P-Logistic、P-CART 和 PM-Model 的灵敏度依次为 87.30%、87.30%、89.50% 和 93.60%，即只有少数的有心理健康风险的学生被预判为正常学生，这个结果符合设计要求；这四种模型的特异性依次为 88.90%、89.40%、89.60% 和 93.70%，即大多数心理健康正常的学生预警正确。综上所述，组合基于时间轴、校园卡数据和网络日志的学生特征预警大学生心理健康风险的效果比上述方法更优，组合预警模型的性能最好。

（3）平均准确率比较

重复测试P-CART、P-Logistic、P-NB和PM-Model100次，它们的平均准确率如图7-21所示。

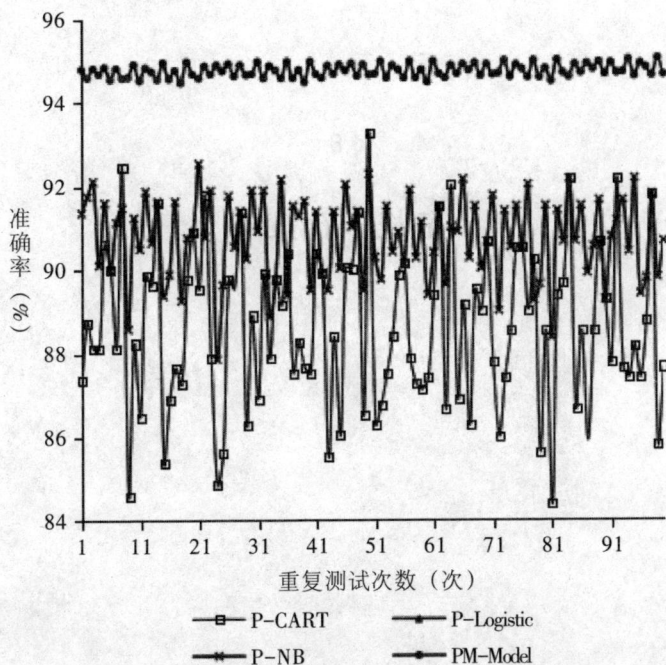

图7-21　模型重复测试100次的平均准确率

根据图7-21，P-CART、P-Logistic、P-NB和PM-Model的平均准确率分别为89.30%、90.10%、90.30%和94.70%，PM-Model的准确率变化最小，其结果更稳定、更准确。

上述三种基本预警模型和组合预警模型的准确率、灵敏度和特异性均高于85%，并且浮动不大；但组合预警模型的准确率、灵敏度和特异性均最高。因此，选择和提取合适的特征，采用不同的预警技术，其效果有区别；但采用组合预警模型，其性能得到优化，可提高大学生心理健康风险预警的效果。

8

危机干预策略

大学生学习心理危机对正常学习生活造成严重影响，阻碍了大学生的发展①。研究大学生心理危机干预策略，有效预防大学生学习心理问题，具有重要价值。

8.1 心理危机的成因

近年来，大学生学习困难的人数有上升趋势，由此引发的心理危机日趋明显②。造成学习心理危机的因素既有内因也有外因③④。

1）内因

（1）目标不清晰，学习主动性不足，学习态度不端正

部分学生没有认识到学习的真谛，不能建立与大学相适应的学习目标，受错误的人生观影响，热衷享乐主义，思想松懈，不愿吃苦，厌烦学习，不思进取，贪玩等。学习投机取巧，习惯用不正当手段获取成绩。

（2）理想与现实差距大，心理调适能力差

有的学生认为就读的大学不理想或对所学专业没兴趣，感觉个人理想与大学现实差距大，心理负担沉重，无法释怀，产生了冷漠、厌倦情绪，不能专心学习，成绩严重下滑，形成恶性循环。

（3）学习理念不当，心理和心智不成熟

部分学生学习自觉性差，自由懒散，依赖性过强，对大学学习生活无所适从，无法融入大学学习生活环境，不能树立主动学习的理念，易出现学习心理危机。心理和心智不成熟的大学生不能客观全面

① 白琴，胡慧慧，许鹏，等. 大学生心理健康与父母养育方式、社会责任感、生命态度的相关性 [J]. 中国健康心理学杂志，2024，32（1）：97-103.
② 温婧. 大学生常见的学习心理问题及调适 [J]. 青春岁月，2016（11）：86.
③ 韦宛余，韦书艺. 近十年我国大学生学习心理问题研究综述 [J]. 广西青年干部学院学报，2020，30（3）：19-22.
④ 余小高，余骥超. 基于个体特征的大学生心理危机干预策略研究 [J]. 长江信息通信，2023，36（11）：17-20.

认识人生和社会问题，常常自相矛盾，理智与情感冲突，独立与依赖失衡，辨别能力不强，无法专心认真学习，产生厌恶学习情绪，导致学习心理危机。

2）外因

（1）家庭环境

大学生心理健康情况与家庭环境密切相关，有的家长因望子成龙、望女成凤的过高期望，往往对子女严厉管教，容易使子女产生逆反心理，逃避学习；有的家长认为读书无用，打击了子女读书的积极性；有的家长过分宠溺子女，导致这些孩子怕吃苦，自理能力弱，社交能力差，三观不正等。这样的家庭环境容易引发学生的学习心理危机。

（2）学校环境

有些学生善于利用学校或教师管理上的问题投机取巧，放松自我要求，不努力学习；有的专业教学资源不足，学生产生失落心理而失去学习这些专业知识的兴趣；有的学生不虚心学习，认为课堂上学不到知识，产生逃课、不认真听讲行为，影响了学习成绩；有的学生对学校的学习生活环境不适应，不能正常学习。

（3）社会环境

当前我国处于社会转型期，各种思想观念相互激荡，各种矛盾问题相互交织，各种利益诉求相互碰撞，有的大学生迷失了方向，丧失了自我，导致心理危机。例如就业的双向选择严重打击了大学生的优越感，就业市场竞争激烈使大学生面临现实压力。

8.2　基于个体特征的大学生心理危机干预策略

将个体特征融入专业知识教学，设置基于个体特征的专业知识点，建立知识库，实现个性化教学，潜移默化地对大学生心理危机进行个性化干预，对学生施以正确引导，对心理问题和危机加以预防，最大程度地提高人才培养质量[①]。

8.2.1 相似度计算

依据知识体系与教学计划，采用相似度计算得出不同特征的学生采取个性化教学的最优策略。根据不同学生特征集选择知识点参数集的相似度计算式如下：

（1）基本计算

基本计算如式（8-1）所示，其中，T_{ij} 是知识点参数集 K（i）和学生特征集 C（j）的相似度，分母|S（K（i））|是符合知识点参数集 K（i）的学生特征集个数，而分子|S（K（i））∩S（C（j））|是同时符合知识点参数集 K（i）和学生特征集 C（j）的学生特征集个数。

$$T_{ij} = \frac{|S(K(i)) \cap S(C(j))|}{|S(K(i))|} \tag{8-1}$$

（2）余弦相似度

余弦相似度如式（8-2）所示，通过降低知识点参数集 K（i）的权重，可以降低知识点某些参数集和知识点其他参数集相似的概率，从而提高个性化教学策略的合理性。

$$T_{ij} = \frac{|S(K(i)) \cap S(C(j))|}{\sqrt{|S(K(i))||S(C(j))|}} \tag{8-2}$$

（3）余弦相似度 a

余弦相似度 a 如式（8-3）所示，该算法更好地降低了知识点参数集 K（i）的权重，a 的取值可依据实际应用的效果来确定。

---

① 梁洁. 论大学生心理健康教育与课程思政的有机融合——评《心理健康与思想政治教育》[J]. 科技管理研究，2021，41（20）：244.

$$T_{ij} = \frac{|S(K(i)) \cap S(C(j))|}{|S(K(i))|^a |S(C(j))|^{1-a}} \tag{8-3}$$

（4）改进的余弦相似度

改进的余弦相似度如式（8-4）所示。

$$T_{ij} = \frac{\sum_{s \in S(K(i)) \cap S(C(j))} \frac{1}{lb(1 + |S(s)|)}}{|S(K(i))||S(C(j))|} \tag{8-4}$$

对于个性化教学系统来说，存在部分恶意频繁使用的用户，为保证知识点参数集与学生特征集相似度的可靠性，需调整活跃用户对知识点参数集相似度的贡献。

（5）余弦相似度的改进归一化

余弦相似度的改进归一化如式（8-5）所示。为了提高计算出的知识点参数集的准确率，提高个性化教学策略的质量，在余弦相似度改进的基础上进行归一化，也能够提高计算出的知识点参数集的覆盖率和多样性。

$$T_{ij} = \frac{T_{K(i)C(j)}}{\max_j T_{K(i)C(j)}} \tag{8-5}$$

完成知识点参数集与学生特征集相似度计算后，式（8-6）计算出学生对采用参数集 K（i）实施教学的兴趣度。

$$I_{ij} = \sum_{i \in S(s) \cap S(i, k)} T_{ij} r_{si} \tag{8-6}$$

这里的 S（s）是采用知识点参数集制定能满足学生兴趣的个性化教学策略集合，S（i，k）是与知识点参数集 K（i）最相似的 k 个学生特征集的集合，r_{si} 是采用知识点参数集 K（i）进行个性化教学时学生 s 的兴趣度。

8.2.2 危机干预工作流程

基于个体特征的大学生心理危机干预工作流程如图8-1所示。

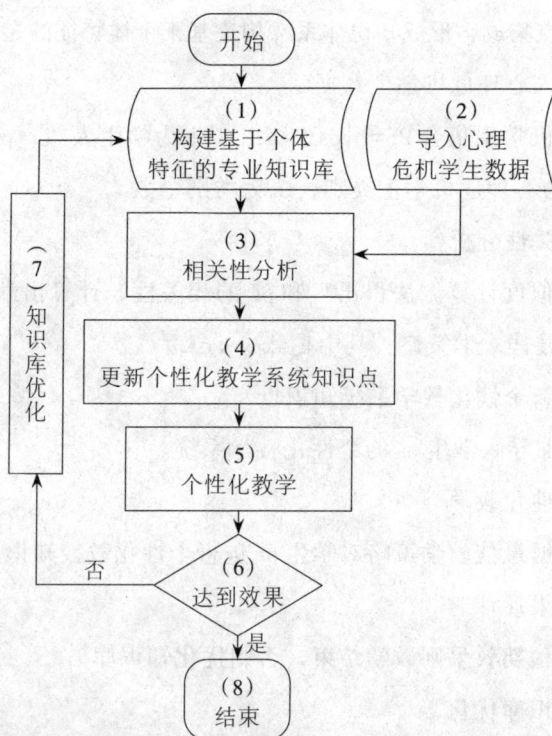

图8-1　基于个体特征的大学生心理危机干预工作流程

（1）构建基于个体特征的专业知识库

重构原有的知识点，设置基于个体特征的各专业知识点。为达到各知识点的学习目标，根据不同学生的特征设置每个知识点的属性：学习开始时间（Start）、学习结束时间（End）、学习目标（Target）、知识呈现形式（Present）、案例（Cases）、练习（Exercise）、测试（Test）等。

设构建基于个体特征的专业知识库为K，知识点为k_i，其中$0<i\leq N$（N为知识库中知识点数量），则：K= $\{k_i|0<i\leq N\}$，k_i= $\{k_{ij}|0<j\leq M\}$，k_{ij}= $\{$Start $[i, j]$，End $[i, j]$，Target $[i, j]$，Present $[i, j]$，Cases $[i, j]$，Exercise $[i, j]$，Test $[i, j]$，…$\}$，k_{ij}为知识点k_i的第j个参数

集。各知识点集成，形成知识体系，构建基于个体特征的专业知识库。

（2）导入心理危机学生数据

心理危机学生集合 PS= $\{ps_l|0<l\leqslant L\}$，L为学生人数；ps_l= $\{pf_{lg}|0<g\leqslant G_2\}$，$pf_{lg}$为心理危机学生类别，$G_2$为类别个数。

（3）相关性分析

采用相似度计算方法得出 k_{ij} 和 pf_{lg} 的相关性，计算出学生 ps_l 学习知识点 k_i 的最佳教学策略，其中 $k_{ij} \in k_i$，$k_i \in K$。

（4）更新个性化教学系统知识点

知识点 k_i 导入学生 ps_l 的个性化教学系统。

（5）个性化教学

教师根据最佳教学策略对学生 ps_l 进行个性化教授知识点 k_i。

（6）效果评估

若达到预期效果则教学结束，否则优化知识库。

（7）知识库优化

若有心理危机的学生 ps_l 学习知识点 k_i（k_i 的教学策略由参数集 k_{il} 确定）时，干预效果没有达到要求，则完善知识点 k_i 的参数集 k_{il}；若知识点不能完善，则新增知识点 k_i 的参数集 k_{iM+1}，M=M+1，其中 M 为知识点 k_i 属性的参数集个数，并更新知识库，重新开始个性化教学。

（8）结束

学生 ps_l 完成知识点 k_i 的学习，个性化教学结束。

8.3　融入课程思政的大学生心理危机干预策略

新时期大学生心理危机干预面临新机遇和挑战，课程思政应承担起新使命①。为了帮助大学生树立正确的人生观、道德观、价值观和知识观，有效地干预大学生心理危机，将课程思政理念融入专业知识教学，设置融入课程思政的专业知识点，扩充知识库，对有心理危机的学生进行个性化教学，潜移默化地帮助他们摆脱困境，正确认识自己，走出心理危机，积极面对生活和学习，同时帮助高校提高教育质量，维护校园稳定②。

融入课程思政的大学生心理危机干预策略是在基于个体特征的大学生心理危机干预策略基础上，融入课程思政理念，以知识点和个性化教学扩充课程思政思想。知识点的扩充、优化和知识库的更新与基于个体特征的大学生心理危机干预策略一致，因此具体操作不用重复介绍。融入课程思政的大学生心理危机干预工作流程如图8-2所示。

（1）课程思政融入专业教学理念。以立德树人为根本目标，将课程思政融入专业教学中，有机融合育心和育德，帮助大学生树立正确的世界观、人生观和价值观，扎实学好专业知识，摆脱心理危机的困扰。

（2）构建融入课程思政的专业知识库。在基于个体特征的专业知识库基础上，融入课程思政理念，优化原有的知识点，更新知识库。

（3）导入心理危机学生数据。将有心理危机学生数据导入个性化教学系统。

（4）相关性分析。采用相似度计算方法得出最佳个性化教学方案。

---

① 余小高. 融入课程思政的大学生心理危机干预系统［J］. 福建电脑，2023，39（10）：61-66.
② 余小高，余骥超. 虚拟大学生心理健康服务中心技术架构浅析［J］. 长江信息通信，2022，35（12）：123-126.

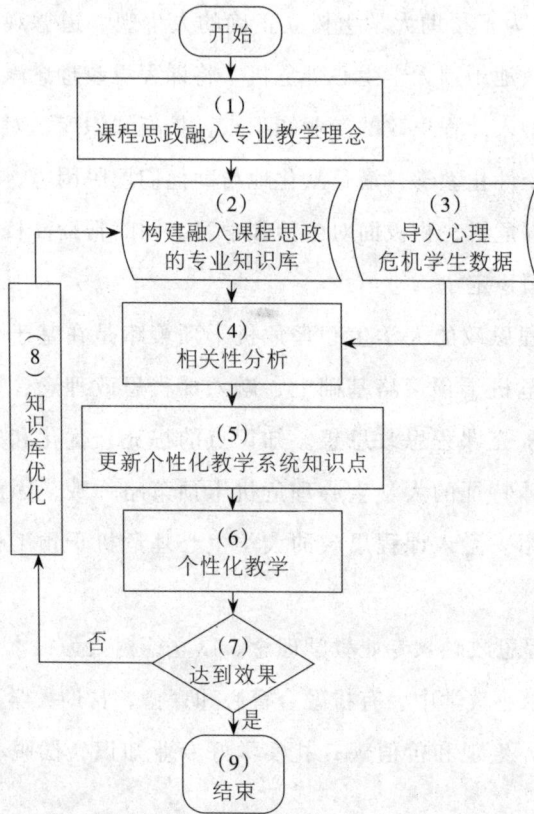

图8-2 融入课程思政的大学生心理危机干预工作流程

（5）更新个性化教学系统知识点。将融入课程思政的知识点导入个性化教学系统。

（6）个性化教学。教师根据最佳教学策略进行个性化教学。

（7）效果评估。若达到预期效果则教学结束，否则优化知识库。

（8）知识库优化。若干预效果没有达到要求，则完善知识点或新增知识点，更新知识库，重新开始个性化教学。

（9）个性化教学结束。

8.4 干预策略评估

　　采用大学生心理健康风险预警模型训练与评估的数据源，第一次采集学生数据的时间段为 2018 年 9 月 1 日至 2019 年 6 月 30 日，采用组合预警模型（PM-Model）对采集的学生数据进行预警，预警结果显示 4 名学生有心理危机。第一次预警的学生名单如图 8-3 所示。

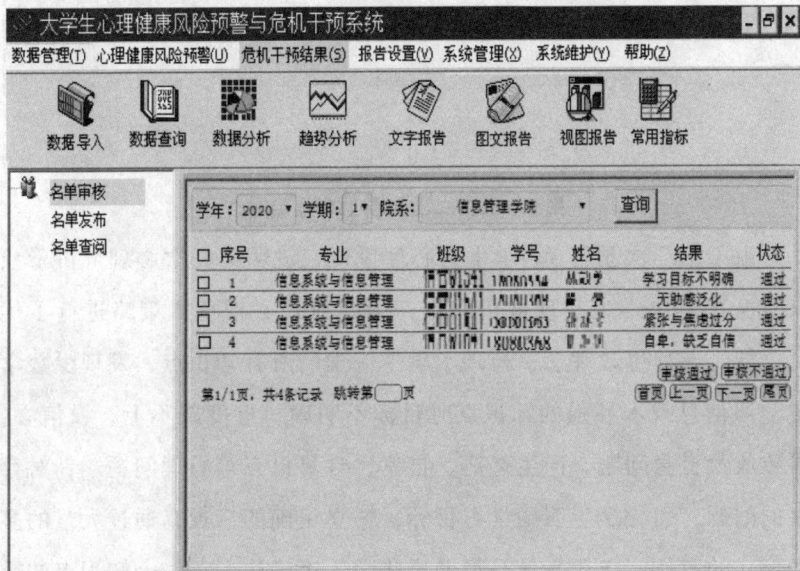

图 8-3　第一次预警的学生名单

　　根据第一次预警的学生名单和心理健康问题类别，采取干预策略进行了危机干预。第二次采集学生数据的时间段为 2019 年 9 月 1 日至 2021 年 6 月 30 日，采用组合预警模型（PM-Model）对采集的学生数据进行预警，预警结果显示 3 名学生有心理危机。第二次预警的学生名单如图 8-4 所示。

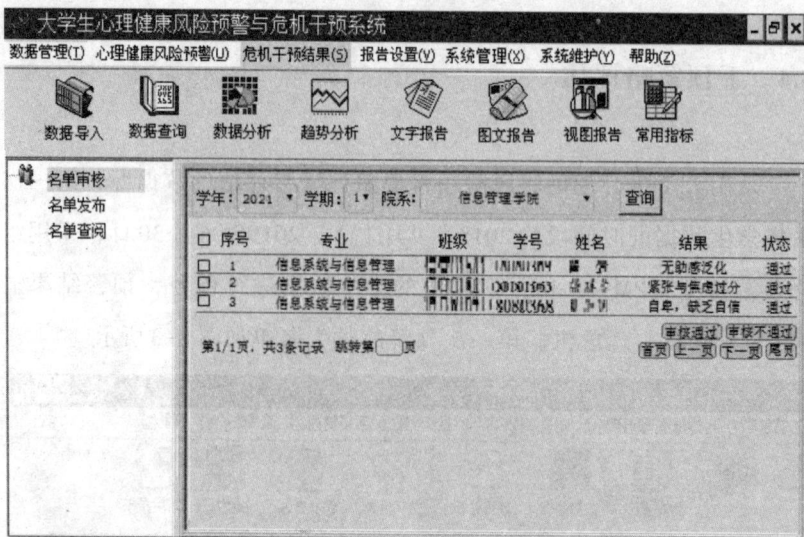

图8-4 第二次预警的学生名单

由于第二次预警3名学生有心理危机，说明第一次心理危机干预没有全部解决学生心理危机问题，因此对该心理危机策略进行了优化，结合课程思政理念，梳理了学生应学的所有知识点，发现少数学生学习信息技术性强的知识点时目标不明确，进度跟不上，没信心，导致放大自身问题，产生迷茫、自卑、自暴自弃等心理问题。针对存在的问题，引导学生明确学习目标，树立正确的三观，通过大量的多种形式的案例、应用场景等帮助这些学生正确认识每一个知识点的重要性，延长对学生的个性化辅导和教学时间，潜移默化地解决了学生的心理危机。通过完善和增加知识点特征集，优化了心理危机干预策略。

第三次采集学生数据的时间段为2021年9月1日至2022年6月30日，采用组合预警模型（PM-Model）对采集的学生数据进行预警，预警结果是有心理危机的学生人数为0，表明学生的心理危机得到了解决。第三次预警的学生名单如图8-5所示。

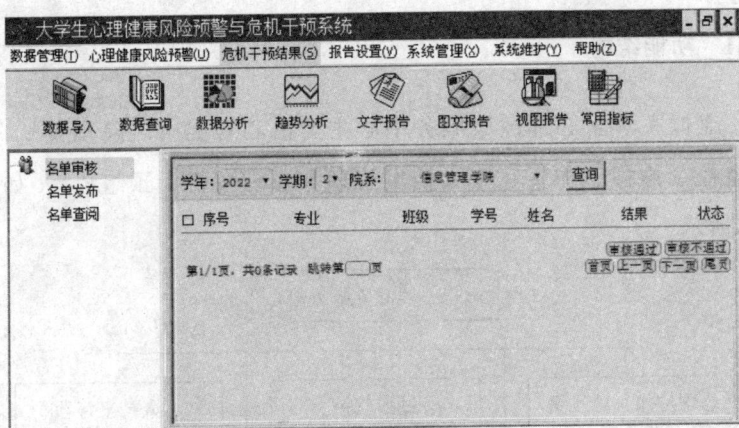

图8-5 第三次预警的学生名单

根据上述系统运行数据分析，采用组合预警模型（PM-Model）能够预警出以往无法发现的有心理危机的学生，利用基于个体特征和融入课程思政的心理危机干预策略能对这些学生进行有针对性的危机干预，解决学生心理危机问题，并对没有心理危机的学生进行预防和引导。因此，基于个体特征和融入课程思政的心理危机干预策略能有效地解决大学生心理危机问题。

8.5 虚拟大学生心理健康服务中心探讨

近年来大学生心理健康问题愈发严重，已成为亟须解决的社会热点问题。为有效弥补当前高校大学生心理健康服务的不足，及时解决大学生心理健康问题，利用移动网络、大数据和虚拟现实等技术，设计虚拟大学生心理健康服务中心，主动采集学生数据，预警大学生心理健康风险，对大学生心理危机进行个性化干预。该服务中心具有主动性、个性化和移动性等特点[①]。

---

① 姚坤. 落实立德树人根本任务积极探索大学生心理健康教育课程思政规律 [J]. 安阳工学院学报，2022，21（3）：91-93.

8.5.1　功能结构

　　虚拟大学生心理健康服务中心主要由心理健康风险预警[①]、过程监控、虚拟工作室、个人档案管理和心理危机干预组成[②]，如图8-6所示。

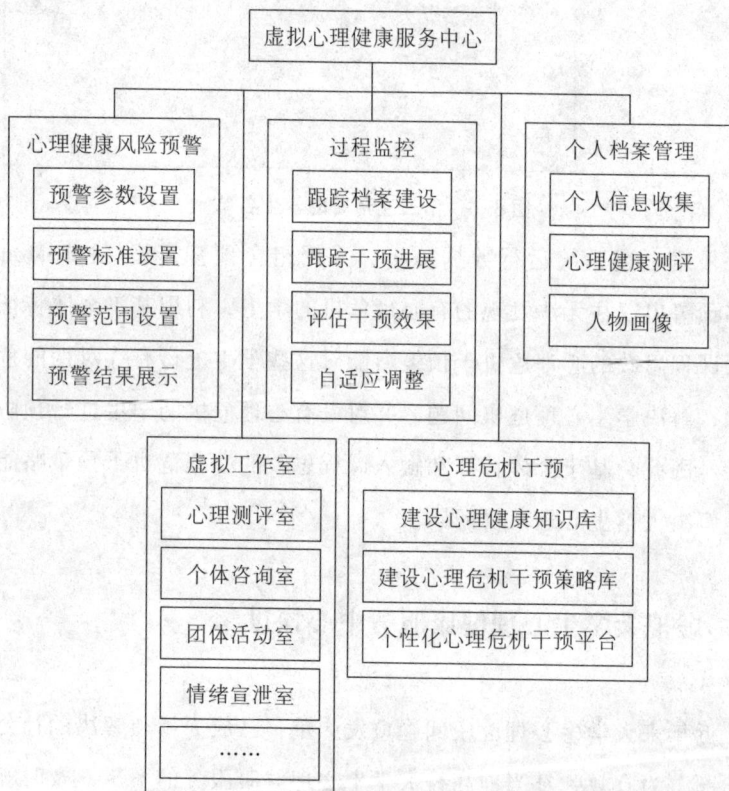

图8-6　虚拟大学生心理健康服务中心功能结构

（1）心理健康风险预警

该功能主要是对导入到系统中的学生数据进行分析，预警出有心

　　① 国晓雪. 面向大数据征信的分布式计算系统的研究与实现［D］. 北京：北京邮电大学，2024.
　　② 冯宁. 高校大学生心理健康教育课程思政改革探索［J］. 成才之路，2022（14）：31-33.

理健康风险的学生，帮助有关人员更好地帮助这些学生，有效地进行心理危机干预。该功能由以下四个子功能模块组成：①预警参数设置；②预警标准设置；③预警范围设置；④预警结果展示。管理员、教师等用户根据学生数据，设置预警参数、预警标准和预警范围，利用预警模型生成有心理健康风险学生名单。

（2）过程监控

根据大学生心理健康服务标准和体系，动态实时跟踪心理健康服务过程，监测学生接受心理健康服务的状况。该功能由以下四个子功能模块组成：①跟踪档案建设；②跟踪干预进展；③评估干预效果；④自适应调整。

（3）虚拟工作室

提供人机交互、工作人员与学生交互、不同学生之间交互、师生交互等功能[1]，主要包括心理测评室、个体咨询室、团体活动室和情绪宣泄室等。这些虚拟工作室能根据不同学生特征进行个性化布局，满足不同需求。

（4）个人档案管理

能够自动采集、整合、统计、存储学生档案信息，为学生心理健康服务提供支持[2]。该功能由以下三个子功能模块组成：①个人信息收集；②心理健康测评；③人物画像。

（5）心理危机干预

利用大数据等技术，建设和优化心理健康知识库、心理危机干预策略库及个性化心理危机干预平台[3]。该功能由以下三个子功能模块

---

① 张雪莹，杨璐一，尹宗毅. 基于大数据基础的工科院校大学生心理危机干预机制研究 [J]. 黑龙江教育（理论与实践），2022（1）：44-45.
② 毕秀琴. 心理韧性干预下大学生心理危机机制研究 [J]. 现代职业教育，2022（22）：157-159.
③ ALSHDAIFAT E, AL-SHDAIFAT A, ZAID A, et al.The impact of data normalization on predicting student performance: a case study from hashemite university [J]. International Journal of Advanced Trends in Computer Science and Engineering（2278-3091），2020, 9（4）：4580-4588.

组成：①建设心理健康知识库；②建设心理危机干预策略库；③个性化心理危机干预平台。

8.5.2 技术架构

采用移动网络、大数据、3D建模和虚拟现实等技术，设计虚拟大学生心理健康服务中心技术架构，如图8-7所示。

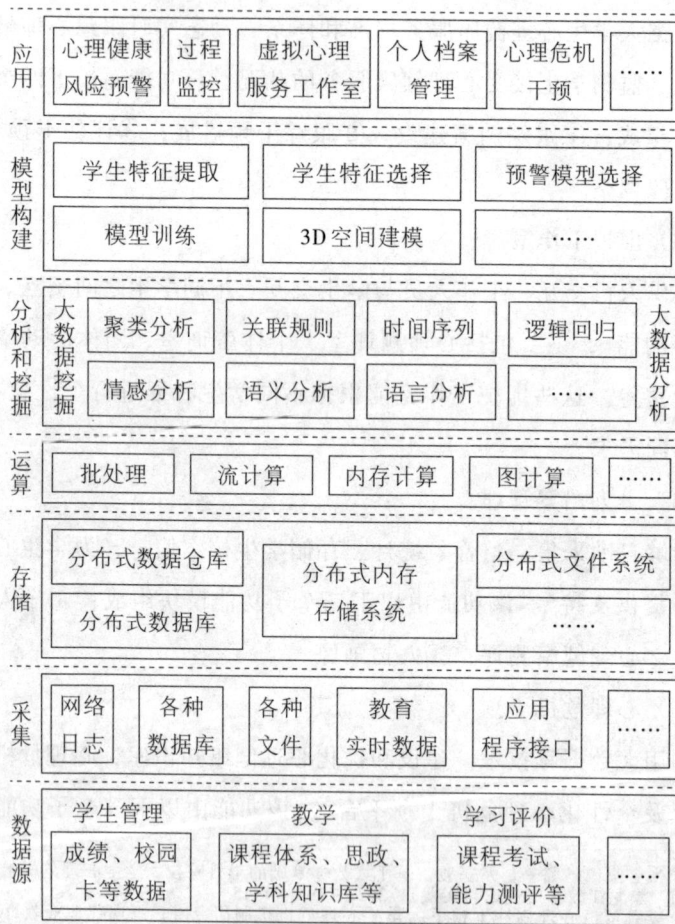

图8-7 虚拟大学生心理健康服务中心技术架构

（1）数据源层

学生数据包括学生管理、教学、学习评价等数据；学生管理包括学生成绩、校园卡、上网情况等数据；教学包括课程体系、思政、学科知识库等数据；学习评价包括课程考试情况、能力测评情况等。这些数据来源于学生管理系统数据、教务系统数据、校园卡数据、网络数据、学习系统数据、课堂管理数据、医疗数据、学生基本数据等。

（2）采集层

学生数据具有数量大、结构复杂、时效性强、稀疏且有价值等特征，数据采集需要满足全面性、时效性、自然性及连续性等要求，数据分析和处理也更加复杂和多样。根据数据采集方式，主要有两种形式：①实时数据采集：主要采用智能信息技术等方式及时捕获、传送各种数据；②批量数据采集：主要通过批量拷贝和导入已收集的学生数据文件、有关数据库记录和网络数据等实现。

（3）存储层

采用分布式存储技术存储学生数据，存储方式主要有分布式文件系统、分布式数据仓库、分布式数据库和分布式内存存储系统等。根据系统特点，分布式数据仓库用作主存储和管理方式，完成复杂的学生数据分析和心理危机干预任务。

（4）运算层

运算层是为满足大学生心理健康风险预警与危机干预的运算要求，给大数据分析与挖掘层提供高效计算的功能，该层主要有批处理、流计算、内存计算、图计算等引擎[①]。批处理的作用是并行计算大量的历史数据；流计算的作用是满足流式实时数据的计算要求；内存计算的

---

① 冯宁. 高校大学生心理健康教育课程思政改革探索［J］. 成才之路，2022（14）：31-33.

作用是提高数据计算速度；图计算的作用是计算大量的图数据。

（5）分析和挖掘层

根据采集后存储的数据，利用运算层提供的高效计算功能，为风险预警与危机干预提供聚类分析、关联规则、时间序列、逻辑回归、语言分析、情感分析、语义分析等大数据分析和挖掘算法。

（6）模型构建层

根据存储的学生数据，利用运算层提供的高性能计算技术，采用分析和挖掘层提供的算法，提取和选择合适的学生特征，并构建分类器模型，通过已有的数据对该模型进行训练和评估，最终实现符合需求的预警模型，并对虚拟心理健康服务中心 3D 建模，设计虚拟工作室。该层分为学生特征提取和选择、预警模型选择和训练、3D 空间建模等。

（7）应用层

将移动网络技术、大数据技术、3D 建模技术、虚拟现实技术、分析和挖掘技术等应用到虚拟心理服务中心，构建主动式个性化虚拟心理服务工作室[①]，实现大学生心理健康风险预警、心理危机干预、心理服务工作过程监控、个人档案管理等，为大学生心理健康服务。

8.5.3　工作流程

虚拟大学生心理健康服务中心工作流程如图 8-8 所示。

（1）导入学生数据，预处理该数据集并存储。

（2）用构建的预警模型对第（1）步存储的数据进行预警处理，根据预警结果将有心理健康风险的学生信息推送到虚拟大学生心理健康服务中心。

---

① 张彧，谢清理. 中国式学习型大国建设：内涵、特征与推进方略［J］. 成人教育，2024，44（2）：1-6.

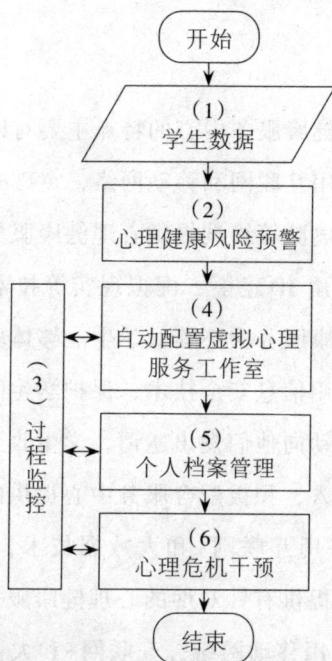

图8-8 虚拟大学生心理健康服务中心工作流程图

（3）接收到有心理健康风险的学生信息后，过程控制自动启动，组织、协调、计划和控制这些学生档案、虚拟心理服务工作室和心理危机干扰体系的建立、完善及管理。

（4）自动配置符合这些学生的个性化虚拟心理服务工作室，主动联系这些学生，引导他们主动、积极地加入虚拟心理健康服务中心。

（5）建立和完善不同学生的个人档案，能够全面反映学生不同时期各方面特征。

（6）启动心理危机干扰系统，根据心理健康知识库和心理危机干预策略库，选用符合不同学生的心理学知识和危机干预策略，例如基于个体特征和融入课程思政的大学生心理危机干预策略，对这些学生潜移默化地进行心理危机干预。学生恢复正常心理状态后可退出心理健康服务中心。

8.5.4 特点

虚拟大学生心理健康服务中心的特点主要有以下几点：

（1）移动性。利用互联网和移动网络，突破时空限制，可在不同计算机、手机、平板电脑等终端提供心理健康服务。

（2）真实性。采用3D建模、虚拟现实等技术，设计并实现逼真的虚拟大学生心理健康服务中心等，学生能够体验真实环境。

（3）主动性。采用信息安全技术，保护学生隐私，该服务中心根据预警的学生名单主动向他们发出邀请，学生收到邀请信息后，能够不受约束、主动地加入，积极配合服务中心提供的心理健康服务。

（4）针对性。采用互联网+和大数据技术，提取不同学生的特征，个性化地为他们提供有针对性的心理健康服务。

（5）共享性。利用移动网络、互联网+和大数据的优势，突破时间和空间的限制，传播、收集和共享各种数字资源。

（6）拓展性。具有心理测评室、个体咨询室、档案室、团体活动室、情绪宣泄室等功能，完善了心理健康服务功能，动态实时获取、完善和推荐优质心理健康知识和心理危机干预策略等。

8.5.5 应用分析

实践中，为了有效给大学生提供心理健康服务，实现了该服务中心原型系统，技术架构采用SOA与J2EE，服务器操作系统为Windows Server 2016，数据库管理系统采用Oracle 19c，在Hadoop环境下运行。虚拟工作室、角色、物品及动作采用3D Studio Max和Autodesk Maya建模，开发工具采用Unity3D，以某高校二级学院192名学生为例进行系统测试。图8-9为个体咨询室截图，学生定义自己角色后，可以在虚拟大学生心理健康服务中心咨询室内咨询工作人员有关服务。

图8-9　个体咨询室

团体活动室如图8-10所示，学生、工作人员、教师等可以定义不同的角色进入团体活动室，虚拟团体活动室设施、布局可以根据不同需求变换，体现个性化特点。

图8-10　团体活动室

心理测评室如图8-11所示，学生定义自己的角色进入虚拟心理测评室，可以与里面的专家交流，能够随意活动，根据不同的学生特征变换环境及设施，最终测评出学生的心理健康情况。

图8-11 心理测评室

9

原型系统

本章提出了大学生心理健康风险预警与危机干预原型系统的设计原则,设计了该原型系统架构和功能模块。采用编程工具,实现了学生数据管理模块、心理健康风险预警模块、危机干预结果处理模块和系统管理模块。

9.1 简介

教育信息化赋能高质量人才培养,为高等教育高质量发展提供了前景广阔的新机遇和强大持久的新动能[①]。各高校深入开展智慧校园建设,搭建跨职能部门的教育大数据集成平台,集成各应用系统数据,研发多样的数据处理和分析工具,为师生员工提供服务[②]。当今学生数据呈指数级增长[③],数据结构复杂,数据类型丰富,数据量巨大,从这些数据中挖掘出有价值的信息,为大学生心理健康风险预警与危机干预提供支持已成为可能[④]。以大数据为基础的大学生心理健康风险预警与危机干预原型系统应达到以下总体要求:(1)集成校内外各种教育数据资源,搭建教育大数据集成平台,为学生数据的分析和处理提供支撑;(2)利用统计、人工智能、数学等方法分析学生数据的各种内在关系,提取和选择学生特征,为大学生心理健康风险预警与危机干预提供依据;(3)将大数据技术应用到学生数据中,运用大数据分析、存储技术,研发大学生心理健康风险预警与危机干预原型系统,为大学生提供心理健康服务。本书利用互联网+和大数据等新兴技术的研究成果,采取云存储技术对学生日积

① 张一春,钟秋菊,任屹远.高校教学信息化创新发展的核心内容与实践进路——基于教育数字化转型的TASH视角[J].电化教育研究,2024,45(2):71-76;83.
② 贾同,蔡建东.生成式人工智能对教育生产力的变革[J].现代教育技术,2024,34(1):107-116.
③ 林佳燕,刘文庆.大数据视阈下高校心理健康教育的机遇和挑战[J].湖北开放职业学院学报,2024,37(2):155-157.
④ 毛君安.基于用户体验的大学生心理健康管理APP界面设计研究[D].武汉:中南民族大学,2022.

月累形成的海量数据进行分布式存储，运用 Hadoop 等大数据技术实现原型系统。

9.2　系统设计

9.2.1　设计原则

根据大学生心理健康风险预警与危机干预的需求和学生数据的特点，遵循以下原则设计和实现原型系统①。

（1）一致性原则

采用统一标准和规范对原型系统结构进行统筹规划和设计，从整体和长远发展的观点来设计和实现学生数据存储体系、原型系统等内容。

（2）先进性原则

学生数据来源于不同系统，具有松耦合性和异构性，因此系统的构建采用国内外处于领先地位、符合未来发展方向的技术，使系统具有可扩展性和可持续发展性。

（3）高安全性和高可靠性原则

提供可靠的安全策略，保证三方面的安全性，即保证计算资源、运算和系统应用的数据安全。将系统的可靠性和安全性全面融入系统设计、学生数据存储和处理过程中，确保系统采集、存储和处理的学生数据具有准确性和安全性。

（4）可扩展性原则

为了确保系统具有可扩展性和可继承性，设计原型系统时各功能

---

① 余小高. 基于大数据的高风险学生预测研究 [M]. 厦门：厦门大学出版社，2019.

模块的耦合度不宜过高，便于满足系统未来发展的需要。同时，系统应能充分利用现有的计算资源，兼容已有的数据库系统，有效降低技术成本和系统应用的维护成本。

9.2.2 架构设计

以国内外专家、学者研究成果为基础[1][2][3][4]，综合考虑教育大数据的发展趋势、高校现状以及学生差异性的现实，以大学生心理健康风险预警与危机干预为主线贯穿始终，构建一个适用于大学生心理健康风险预警与危机干预的原型系统架构，以便为后续研究的开展提供指引。该架构采用七层架构模式，如图9-1所示，从下到上分为数据源、采集、存储、运算、分析和挖掘、风险预警和危机干预等七层。

数据源、采集、存储、运算、分析和挖掘等五层与虚拟大学生心理健康服务中心技术架构一致，下面仅介绍风险预警层和危机干预层。

（1）风险预警层

根据分析和挖掘层提供的大数据分析和挖掘算法，分析学生数据，提取学生特征，并选择满足大学生心理健康风险预警与危机干预所需的学生特征。为设计符合要求的大学生心理健康风险预警模型和危机干预策略，选择合适的算法，改进选择的算法，使之能满足大数据挖掘的需要。以选择的学生特征和算法为基础，构建大学生心理健康风险预警与危机干预系统并进行测试和评估。

① 杨翊，赵婷婷. 我国高校在线教学运行状况及其质量评价问题探讨——基于疫情期间超星智慧教学系统的数据分析 [J]. 高等理科教育，2020（6）：1-10.
② 马睿. "双一流"背景下省属院校教师教学评价体系研究 [D]. 哈尔滨：哈尔滨理工大学，2023.
③ 田堃，贺颖，徐小然，等. 面向一种基于数据分析的方法用于计算和预测敏感情景教学效果 [J]. 评价与管理，2022，20（1）：113.
④ 余小高，鲁群志. 分布式动态数据库增量关联规则挖掘研究 [J]. 软件导刊，2017，16（10）：166-169.

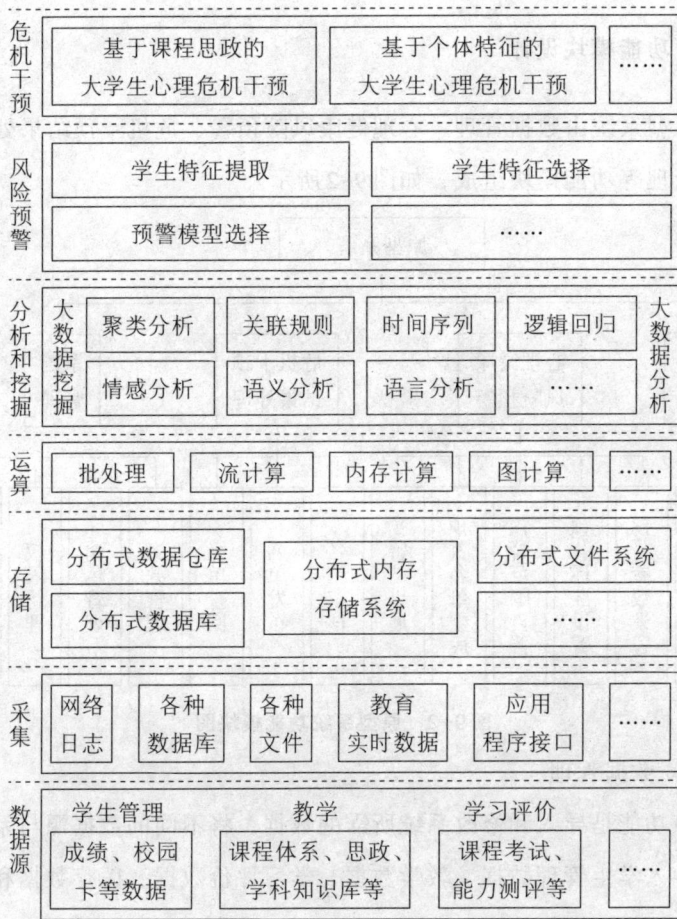

图9-1 大学生心理健康风险预警与危机干预的原型系统架构

（2）危机干预层

根据心理健康风险预警层推送的有心理健康风险学生信息，对这些学生采用基于个体特征的大学生心理危机干预和融入课程思政的大学生心理危机干预等策略，个性化安排教学进度，有针对性地讲解知识，潜移默化地进行危机干预。

9.2.3 功能模块设计

原型系统由数据管理、心理健康风险预警、危机干预结果处理和系统管理等功能模块组成，如图9-2所示。

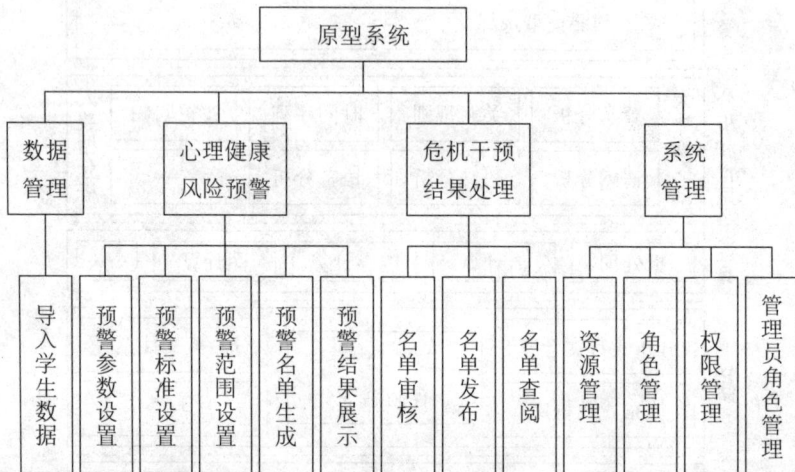

图9-2 原型系统功能模块图

1）数据管理

该功能是导入和修改系统所需的数据，将不同的数据源与系统连接，导入学生管理数据、教学数据、学习评价数据、医疗数据和网络日志等。

2）心理健康风险预警

该功能是对导入到系统的数据进行分析，预警学生心理健康风险，具有五个子功能：预警参数设置、预警标准设置、预警范围设置、预警名单生成和预警结果展示。

（1）预警参数设置

教师、学生、管理者等用户可以根据实际需求选择不同的预警方法，设置相应的参数。

（2）预警标准设置

根据大学生心理健康风险预警与危机干预的需要，可设置识别是否有心理健康风险的阈值。

（3）预警范围设置

本部分主要是对有心理健康风险的学生进行界定，可根据具体情况来设定有心理健康风险的学生预警标准。

（4）预警名单生成

系统导入学生数据后，授权各级管理员、有关教师等用户，根据构建的心理健康风险预警模型自动生成需要进行危机干预的学生名单，将生成的名单提交有关管理部门审核。

（5）预警结果展示

对导入的学生数据预处理后，在 Hadoop 平台上利用原型系统进行预警，并将有心理健康风险的学生名单提供给有关用户分析和处理。

3）危机干预结果处理

该功能主要完成以下三个任务：进行危机干预的学生名单审核、名单发布和名单查阅。

（1）名单审核

有关部门审核危机干预的学生名单，根据实际情况可对这些名单进行微调，审核通过后可对这些名单进行发布。

（2）名单发布

审核通过后的学生名单，可采用多种有效的方式对这些学生进行干预。

（3）名单查阅

教师、学生和管理者等用户可根据其权限查阅对应级别的学生名单。

4）系统管理

（1）资源管理

为确保系统能够正常安全地工作，需要对系统中的功能模块和数据资源进行统一和规范化管理。

（2）角色管理

系统对不同角色的身份、资料进行识别和管理。

（3）权限管理

根据管理权限，系统给不同角色分配相应权限来访问系统中对应的功能模块和数据资源。

（4）管理员角色管理

依据权限管理的要求，系统能够快捷设置不同部门管理员的角色。

9.2.4　数据资源库设计

1）数据资源库设计框图

原型系统数据资源库的设计框图如图9-3所示，数据访问层为应用层提供访问权限控制、登录认证管理、短信收发以及心理健康风险预警与危机干预等数据服务，这些数据服务通过统一数据访问接口访问数据层中各种数据资源库[①]。数据层的数据资源库主要由三个部分组成：（1）用户基础资源库，由非关系型数据库 MongoDB 存储；（2）业务数据资源库，由关系型数据库 Oracle 存储；（3）敏感数据资源库，为便于管理和控制，该资源库单独由关系型数据库 Oracle 存储。数据访问层与数据层的各资源库相互连接，为原型系统提供访问数据和存储数据服务。

---

① 余小高，鲁群志. 分布式动态数据库增量关联规则挖掘研究 [J]. 软件导刊，2017，16（10）：166-169.

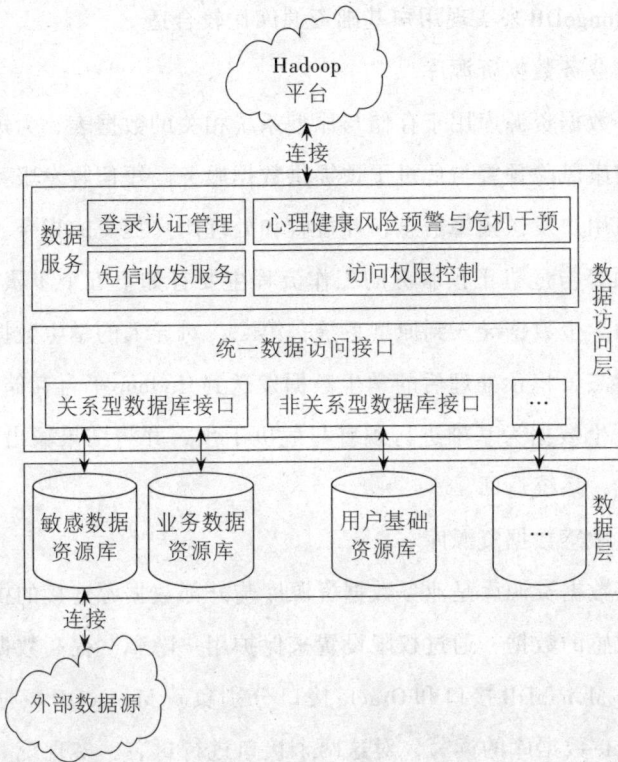

图9-3　数据资源库设计框图

（1）用户基础资源库

用户基础资源库存放教师、学生和管理者等用户的基本数据和角色权限，由数据访问层读取和写入非关系型数据库 MongoDB 来完成对用户基础资源库的访问，并实现访问权限控制服务和登录认证管理。用户基础资源库采用非关系型数据库主要有三个方面的原因：第一，并发性强，使用系统的用户范围比较广，涉及学生、教师、教学管理员、学生家长等，并发访问比较高；第二，可扩展性好，访问系统的用户数量随着时间的变化逐年增加，对数据库存储的可扩展性要求高；第三，写入需求低，访问控制服务中用户主要以数据读取为主，数据实时写入并不多，通常以批量写入为主。因此利用非关系型数据库 MongoDB 来实现用户基础资源库比较合适。

（2）业务数据资源库

业务数据资源库用于存储与原型系统相关的数据表，为短信收发和心理健康风险预警与危机干预提供数据服务。短信收发服务的主要功能是向用户发送预警信息，并接收和处理用户提交的指令。心理健康风险预警与危机干预服务的工作流程主要有如下五个步骤：第一，将选定的学生数据导入到原型系统；第二，对导入的学生数据进行预处理；第三，将预处理后的学生数据发送到 Hadoop 平台存储；第四，以这些学生数据为基础进行预警与危机干预，并将结果输出；第五，任务完成，系统返回。

（3）敏感数据资源库

敏感数据资源库是业务数据资源库与外部数据源连接的桥梁，用于存储敏感的数据，通过权限设置来保护用户隐私，提高数据存储的安全性。MongoDB 接口和 Oracle 接口分别负责 MongoDB 数据库的读写和 Oracle 数据库的读写，对这两个接口进行封装，实现统一的数据资源访问接口（COMMON），数据层的不同异构数据资源库接口对访问层达到了完全透明的效果，减少了对数据资源库访问的复杂性。

2）原型系统数据流程设计

用户通过应用层导入学生数据，初始化原型系统。数据流程由心理健康风险预警与危机干预和学生名单生成两大部分组成，如图9-4所示。

（1）风险预警与危机干预

该部分是根据用户设置的模型参数对学生数据进行清洗、转化和心理健康风险预警与危机干预，最终生成有心理健康风险的学生名单。该部分主要由以下四个步骤完成：第一，学生数据预处理，对学生数据进行清洗、去噪等处理；第二，分布式存储，将预处理后的学生数据存放到 Hadoop 平台上；第三，风险预警与危机干预，在 Hadoop平台上利用预警模型对学生数据进行预警和危机干预；第四，返回结果，将最终结果返回到系统。

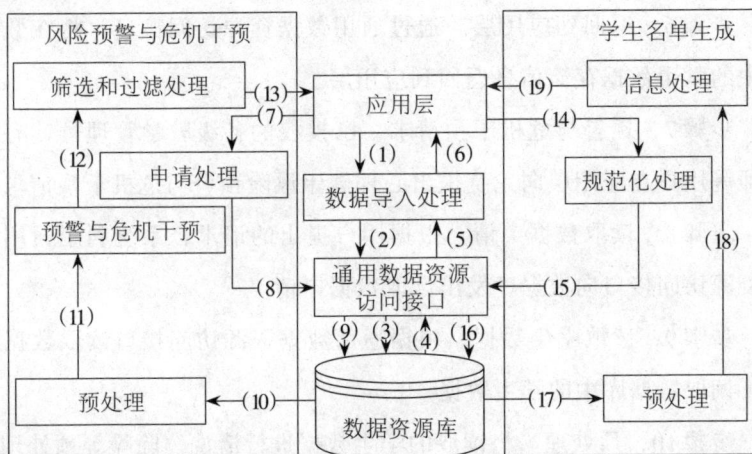

图9-4 原型系统数据流程图

（2）学生名单生成

学生名单生成流程如图9-4所示，根据心理健康风险预警与危机干预数据流程生成有心理健康风险的学生名单，通过多种有效的方式将这些名单发送给相应的学生、教师、管理员或家长等。

数据流程的步骤如下：

步骤1，导入学生数据。系统管理员根据系统需求选定学生数据，将选定的学生数据导入到原型系统中。

步骤2，调用通用数据资源访问接口。通过通用数据资源访问接口，最大限度地实现对不同数据资源库相互操作，提高了数据的访问效率。

步骤3，将学生数据存入数据库中。利用通用数据资源访问接口处理学生数据，将不同的学生数据存入到相应的数据库中。

步骤4，存储结果返回。将存储在数据库中的学生数据存储信息返回至通用数据资源访问接口，便于下一步操作。

步骤5，继续返回。将在通用数据资源访问接口的学生数据存储信息继续返回至上一层。

步骤6，返回到应用层。通过通用数据资源访问接口，将在数据库中的学生数据存储信息返回到应用层。

步骤7，预警与危机干预请求。已授权的各级教学管理员、有关教师等用户在应用层向系统提出心理健康风险预警与危机干预请求。

步骤8，读取数据申请。根据用户提出的请求，系统利用通用数据资源访问接口向数据库发出读取数据申请。

步骤9，读取学生数据。根据通用数据资源访问接口读取数据申请，读取数据库中的学生数据。

步骤10，预处理。将读取的学生数据进行清洗、除噪等预处理。

步骤11，心理健康风险预警与危机干预。将预处理后的学生数据发送到预警模型，系统自动生成有心理健康风险的学生名单，并给出危机干预策略。

步骤12，筛选和过滤。依据设定的参数对预警模型生成的结果进行筛选和过滤。

步骤13，返回结果。将筛选和过滤后符合要求的学生名单返回至应用层。

步骤14，规范化处理。根据要求，将返回的学生名单进行规范化处理。

步骤15，存储请求。调用通用数据资源访问接口，提出将学生名单存入对应数据表的申请。

步骤16，存储。将学生名单存入对应的数据表。

步骤17，审核。有关部门对已生成的学生名单进行审核，并根据实际情况进行调整。

步骤18，发布。发布审核通过后的学生名单，可通过多种有效的方式对这些学生进行预警和危机干预。

步骤19，查阅。系统接收和处理用户查阅请求，将最终的学生名单返回到应用层，用户可根据其权限查阅对应级别的学生名单。

9.3　系统实现

9.3.1　数据管理模块的实现

数据管理模块的功能是实现学生数据的导入和修改，利用搭建的大数据集成平台将外部不同的数据源连接到原型系统，导入学生基本数据、医疗数据、校园卡数据、网络日志等。系统导入数据的流程如图9-5所示。

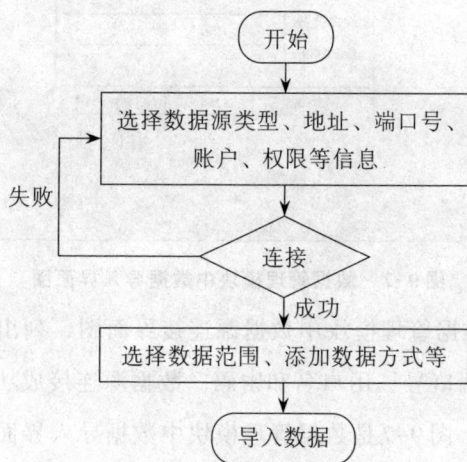

图9-5　学生数据导入流程图

在搭建的大数据集成平台上，根据需要选择合适的数据源类型、地址、端口号、账户、权限等连接信息，数据源连接成功后，再根据实际需求，选择学生数据范围、目标数据库等，如图9-6和图9-7所示。

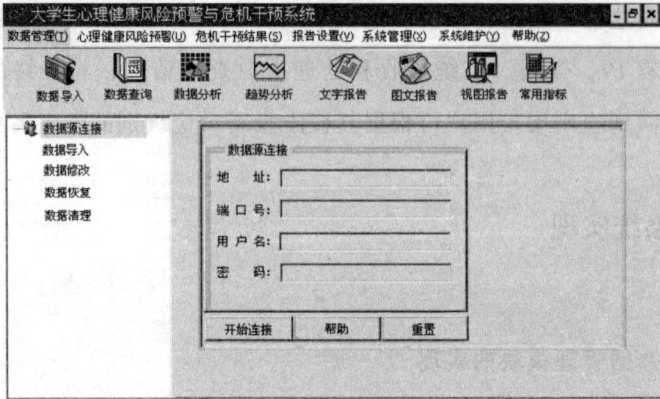

图 9-6　数据管理模块中数据源连接界面图

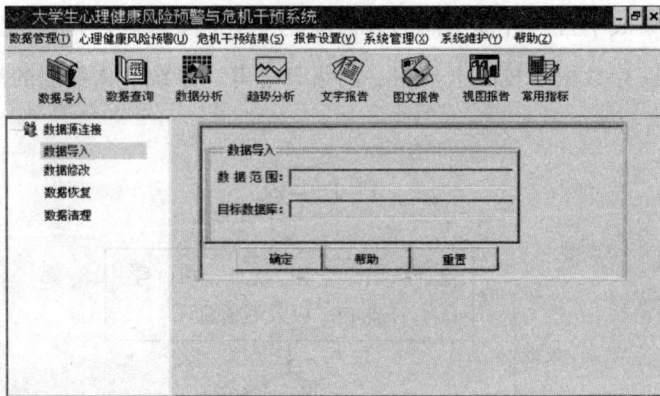

图 9-7　数据管理模块中数据导入界面图

　　图 9-6 是数据管理模块中数据源连接界面图，列出了数据源连接所需的地址、端口号、用户名和密码。数据源连接成功后，进行学生数据导入界面。图 9-7 是数据管理模块中数据导入界面图，显示了数据导入前要选择数据范围和目标数据库。

9.3.2　风险预警模块的实现

　　该模块由以下五个子功能模块组成：预警参数设置、预警标准设置、预警范围设置、预警名单生成和预警结果展示。该部分主要是对导入到系统中的学生数据进行分析，实施大学生心理健康风险预警，其流程如图 9-8 所示，管理员、教师等用户根据学生数据，设置参数、标准和范围，实行大学生心理健康风险预警，并生成学生名单。

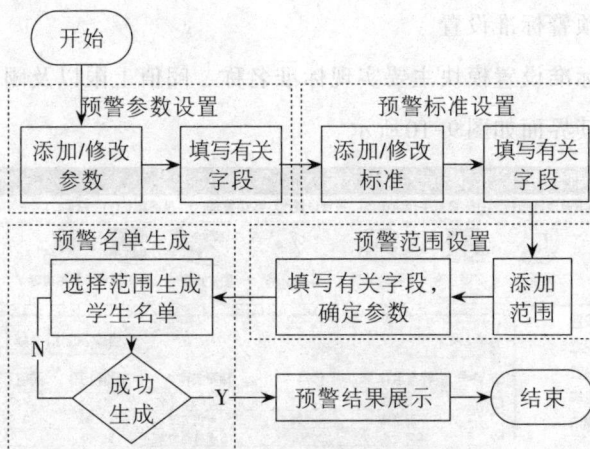

图 9-8　风险预警流程图

（1）预警参数设置

用户可以根据实际需求选择合适的预警方法，并对选定的方法进行相应的参数设置，界面如图 9-9 所示。

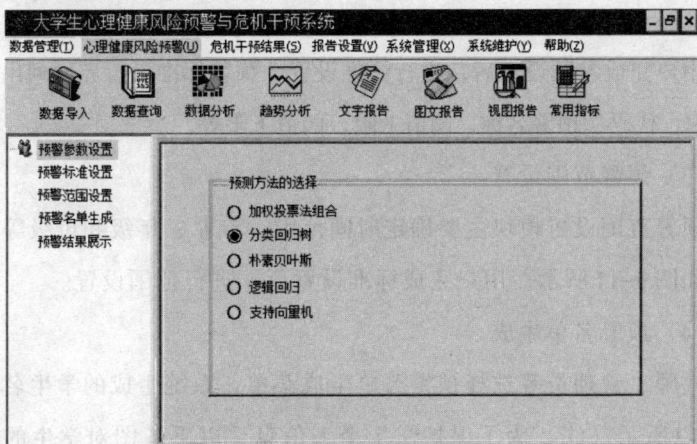

图 9-9　预警参数设置界面

  系统在完成了学生数据导入任务后进行心理健康风险预警工作，预警参数设置界面列出了加权投票法组合、分类回归树、朴素贝叶斯、逻辑回归、支持向量机等方法供用户选择。

  （2）预警标准设置

  预警标准设置模块主要实现标准名称、阈值上限以及阈值下限等的设置，其界面如图9-10所示。

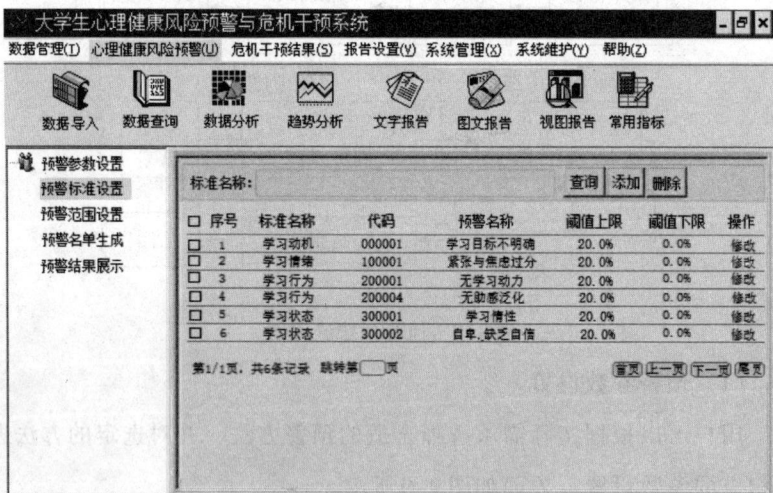

图9-10　预警标准设置界面

  用户完成参数设置后，进行标准设置。预警标准设置界面列出了标准名称、代码、预警名称、阈值上限、阈值下限等。

  （3）预警范围设置

  预警范围设置模块主要确定时间范围、专业、年级和班级等，其界面如图9-11所示。用户完成标准设置后，进行范围设置。

  （4）预警名单生成

  教师、管理员等选择预警名单生成菜单，系统生成的学生名单如图9-12所示（注：为了保护学生个人信息，以下各图对学生的学号和姓名等信息进行了雾化处理）。

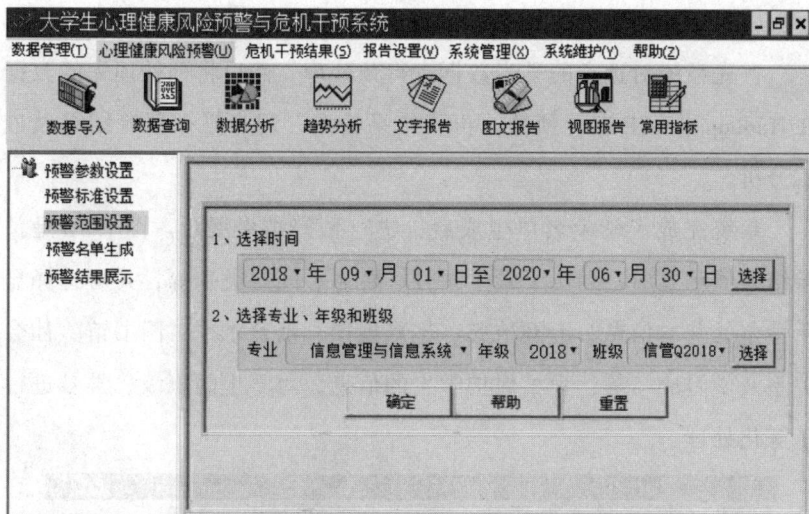

图 9-11　预警范围设置界面

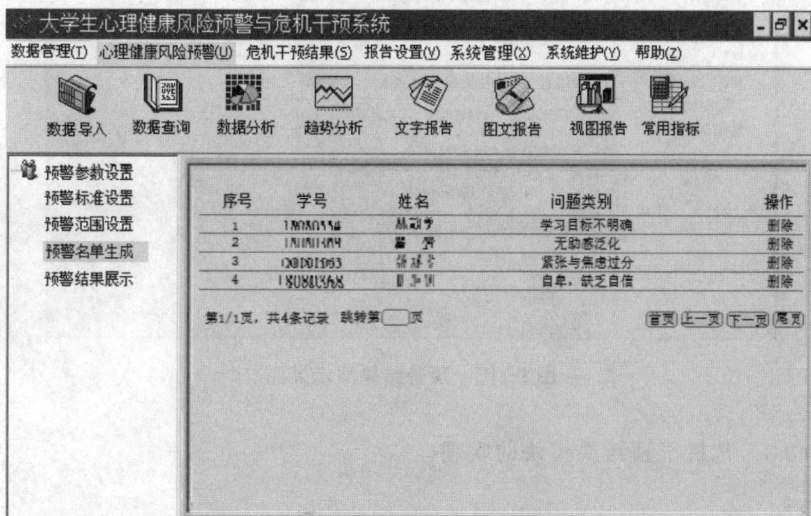

图 9-12　预警名单生成界面

　　用户完成范围设置后，进行预警名单生成。预警名单生成界面列出了学号、姓名、问题类别，用于显示有心理健康风险的学生名单。

（5）预警结果展示

首先系统对选定的学生数据进行预处理，然后将预处理完的数据在 Hadoop 平台上进行预警，再将结果输出，用户根据预警结果做最后分析。

系统完成了学生名单生成后，进行预警结果展示。图 9-13 是预警结果展示界面，列出了学生学号、姓名、问题类别等，并可选择显示学生的基本信息、上网情况、作息规律、消费水平、图书馆、社会关系及学习成绩等。为了保护学生的信息，对学生的班级、学号进行了雾化处理。

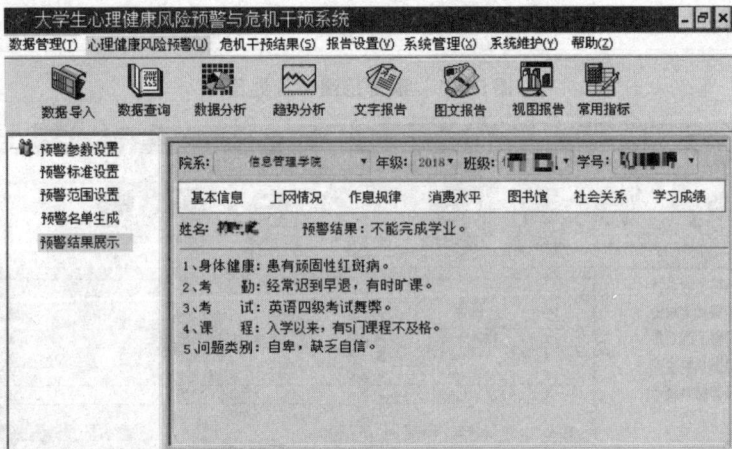

图 9-13　预警结果展示界面

9.3.3　危机干预结果模块的实现

该模块主要由以下三个子功能模块组成：（1）名单审核；（2）名单发布；（3）名单查阅。危机干预结果模块流程如图 9-14 所示，根据预警模型生成有心理健康风险的学生名单，实施心理危机干预，有关部门审核危机干预结果。审核通过后，将学生名单发送给有关用户。

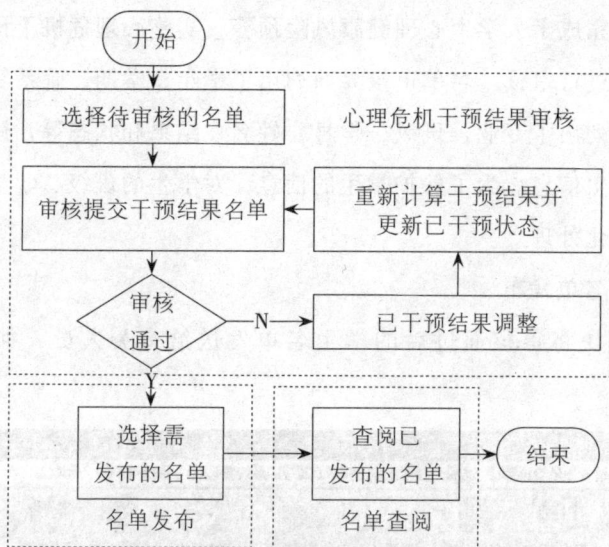

图9-14 危机干预结果模块流程图

（1）名单审核

该审核模块实现了教师、管理员等对生成的学生名单审核的功能，通过该模块可以核对需要危机干预的学生名单信息是否准确，如图9-15所示。

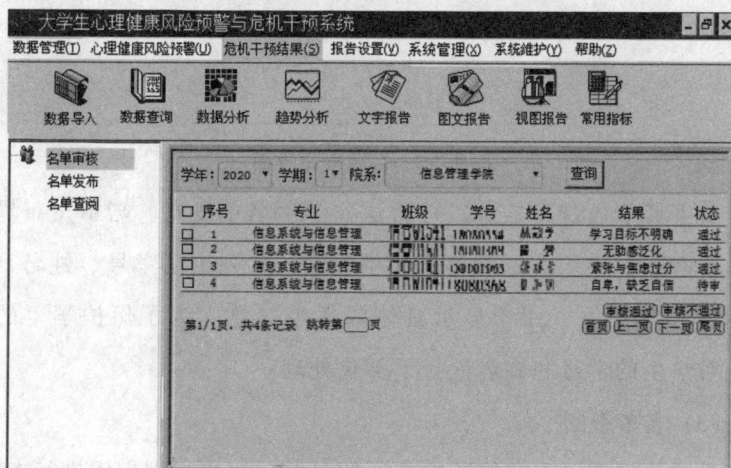

图9-15 名单审核界面

系统完成了大学生心理健康风险预警，实施心理危机干预，对干预的结果进行审核。名单审核界面列出了学年、学期、院系等选项供查询，并列出了专业、班级、学号、姓名、结果和状态等，用于显示具体的学生信息。为了保护学生的信息，对学生的班级、学号和姓名进行了雾化处理。

（2）名单发布

该模块将审核通过后的学生名单发送给有关人员，如图 9-16 所示。

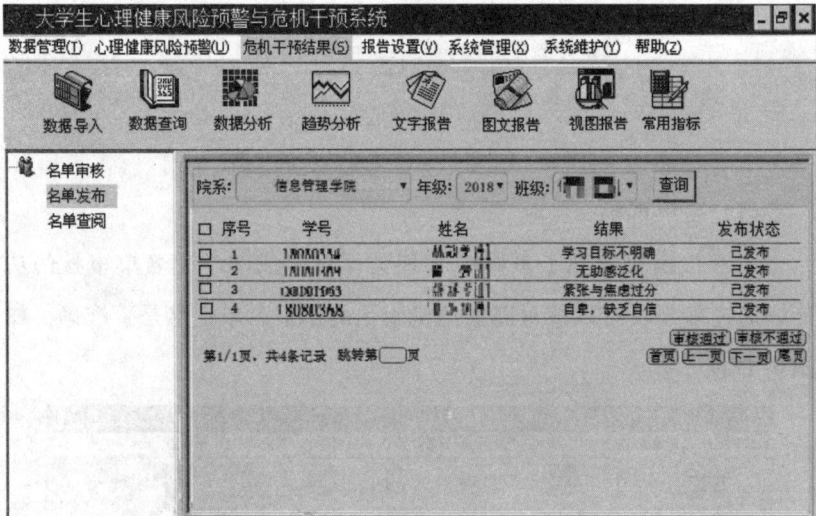

图 9-16 名单发布界面

学生名单通过审核后，可将这些学生名单发布。名单发布界面列出了院系、年级、班级等选项供查询，并列出了学号、姓名、结果和发布状态等，用于显示具体的学生信息。为了保护学生的信息，对学生的学号和姓名进行了雾化处理。

（3）名单查阅

系统数据资源库存储了审核后的名单，用户根据权限进行查阅，如图9-17所示。

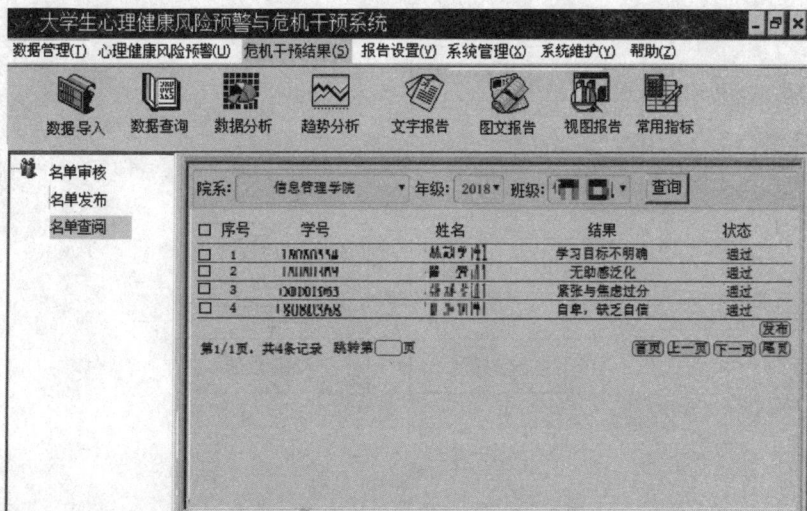

图9-17 名单查阅界面

9.3.4 系统管理模块的实现

原型系统管理模块采用基于角色的访问控制模型，根据系统需求合并或生成不同角色，根据不同角色权限来控制相应的用户对系统资源进行访问，实现了既灵活又有高可用性的原型系统。该模块主要由以下四个子功能模块组成：资源管理、角色管理、权限管理和管理员角色管理。其实现流程如图9-18所示。

管理员角色管理界面如图9-19所示。

原型系统管理模块能够根据不同用户权限控制其对系统资源的访问。管理员角色管理界面能够根据管理员的工号或姓名等选项进行查询，并列出了管理员的序号、工号、姓名、单位等信息。为了保护管理员的信息，对工号和姓名进行了雾化处理。

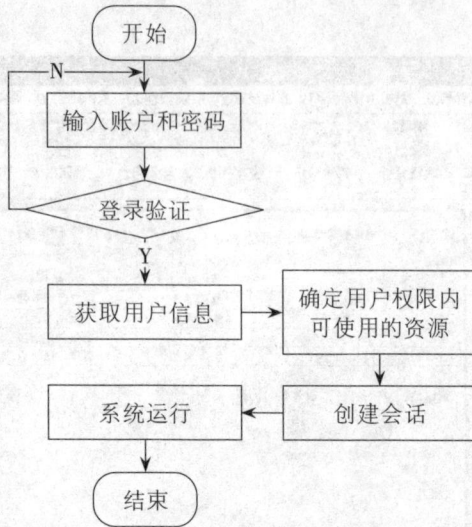

图 9-18　系统管理模块实现流程图

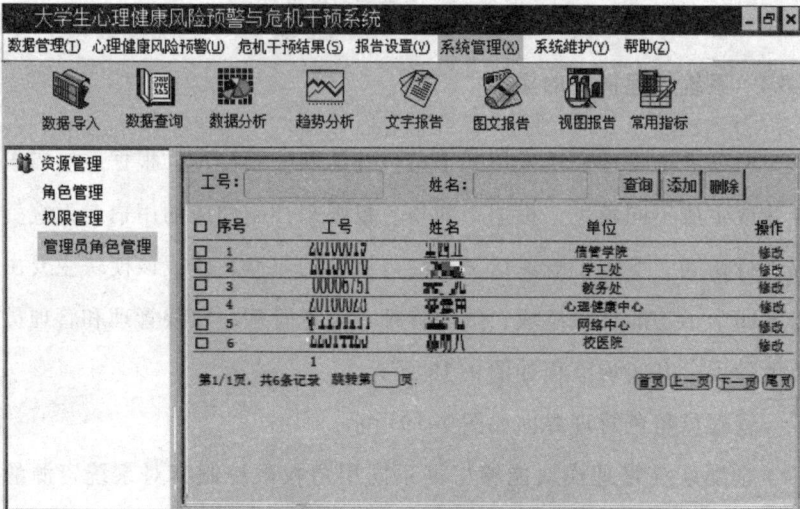

图 9-19　管理员角色管理界面

10

研究结论与展望

尽管当前有学习心理危机的大学生数量很少，但心理危机事件时有发生，已引起社会广泛关注，也影响到国家、社会和校园的安全稳定。不同的高校或多或少对学生心理健康风险有一定的预警和危机干预措施，但大多数学校还处于人工预警和危机干预状态，往往事后才能察觉，即使高校都设有类似大学生心理健康服务中心的机构，但仍然无法了解和掌握学生心理健康风险的实际状况，无法进行有效的心理危机事前干预。为了帮助学生健康成长，需要精确地预警大学生心理健康风险，有针对性地对这些学生进行帮扶，帮助其摆脱困境。

10.1　研究结论

本书紧紧围绕当前大学生心理健康风险预警与危机干预的不足，将大数据引入教育领域，充分挖掘教育大数据的价值，以数据为驱动，分析、提取、选择学生特征，研究合适的预警方法，力图精确、全面、高效地预警学生心理健康风险，并及时有效干预学生心理危机，促进这些学生健康成长，提高人才培养质量。

10.1.1　结论

大学生心理健康风险预警与危机干预是教育数据挖掘领域的研究热点之一，是提高人才培养质量的重要途径。当前教育数据挖掘领域的研究主要采用的是小样本，数据来源单一，数据处理方式简单，而本书研究的学生数据来源于多个不同的信息系统，数据量庞大，数据结构复杂，有较高的数据处理难度，因此，本书的研究有助于拓宽当前教育数据挖掘领域的研究范围和研究方法，主要结论如下。

　　本书在综述大数据技术、分类技术、教育大数据、大学生心理健康、危机干预等相关理论，以及检索国内外有关文献的基础上，分别在不同高校开展了专题问卷、案例调查、个案调查等形式调研和专题研讨活动。采集了本校和部分兄弟院校网络日志、校园卡系统、学生管理系统、教务系统、校医院医疗系统、在线教学系统等数据，结合问卷调查、案例调查等数据，分析和研究学生心理健康状态、心理健康风险预警与危机干预方法，实行个案跟踪调查、分析及研究。

　　根据学生数据来源的不同，基于时间轴、校园卡和网络日志等三个角度提取了学生特征。为了优化、完善提取的学生特征，介绍了特征选择方法，从提取的特征中选择能够准确识别有心理健康风险学生的关键特征，完成学生特征选择。目前许多应用广泛的预警算法无法满足大数据应用的需求，亟须拓展、优化已有的预警算法来满足大数据应用的需要。为了做好大学生心理健康风险预警模型中分类算法的遴选工作，介绍了分类算法的选择原则、标准和方法。根据学生特征，组合多种合适的预警算法，取长补短，将各算法优劣互补，构建大学生心理健康风险预警模型，提高心理健康风险预警模型的效果。大学生学习心理危机对正常学习生活造成严重影响，阻碍了大学生的发展，因此设计了基于个体特征和融入课程思政的大学生心理危机干预策略，将个体特征和课程思政理念融入专业知识教学，设置基于个体特征和融入课程思政的专业知识点，建立、扩充和优化知识库，实现个性化教学，潜移默化地对大学生心理危机进行个性化干预，对心理健康正常的学生进行正确引导，加以预防，最大程度地提高人才培养质量。根据大学生心理健康工作的实际需求，设计并完成了原型系统的开发，可对提出的预警模型和危机干预策略进行检验和改进，为学生、教师、教育管理者等用户提供服务。

10.1.2　研究创新点

传统大学生心理健康风险预警与危机干预研究采用的学生数据主要来自问卷调查和访谈记录，而本书利用大数据技术，集成多种来源的学生数据预警学生心理健康风险，结合统计学、数学、计算机和教育学等多学科知识对学生原数据进行分析，重点研究了预警模型和危机干预策略。通过研究，本书创新点如下：

（1）构建了大学生心理健康风险预警模型

为了提高预警模型的效率和精确度，在已有研究的基础上，分析了几种具有代表性的基本预警模型的优缺点。为了更好地解决问题，将它们各自的优势结合起来实现总体效果最大化，采用加权投票法组合多个基本预警模型预警学生心理健康风险。同时，为了满足分析和处理大数据的需要，提高效率，采用 Hadoop 平台将大数据集分块，组成多个数据子集，利用加权投票法组合预警模型对各数据子集并行计算，得出各子集的最优预警结果，然后汇总各个预警结果，再采用加权投票法组合预警模型进行处理，得出最终预警结果。通过对该预警模型的评估，构建的预警模型在准确率、灵敏度和特异性等方面符合设计要求。

（2）设计了基于个体特征的大学生心理危机干预策略

大数据环境下提取和选择大学生个体特征，重构知识点，优化知识库，采用基于个体特征的教学模式，对大学生心理危机进行个性化干预，潜移默化地帮助他们摆脱困境，正确认识自己，恢复正常心理状态，积极面对生活和学习。

（3）提出了融入课程思政的大学生心理危机干预策略

当前大学生心理危机干预的内容、方式、方法等无法满足新时代高校学生的需求，高校应将课程思政有机融入大学专业知识教学中，用课程思政教育理念有针对性地对大学生进行心理健康教育，帮助他们走出心理危机，同时帮助高校提高教育质量，维护校园稳定。

（4）探索了虚拟大学生心理健康服务中心

将移动网络、大数据、3D建模、虚拟现实等技术应用到大学生心理健康服务领域，为大学生心理健康风险预警及危机干预提出新方法和新思想。充分利用信息技术优势，及时有效预警有心理健康风险的学生，并主动对这些学生进行心理危机干预，有针对性地对大学生进行心理健康教育。

10.2　研究展望

随着互联网+和大数据的快速发展，教育数据呈指数级增长，同时大学生心理健康问题成为当代教育关注的热点，教育大数据应用于大学生心理健康风险预警与危机干预的研究变得越来越重要。

10.2.1　研究不足

大数据分析与挖掘技术从出现到现在时间并不长，国际上大数据相关技术的研究，还处于"百花齐放，百家争鸣"的阶段，目前还有许多问题亟待解决。

首先，大学生心理健康风险预警所需数据的元描述有待深入研究，预警与危机干预系统本身就是在大数据环境下作用于多源异构数据，同时随着研究的深入，预警与危机干预所需的数据和预警工具种类越来越多，为了使各预警工具能更好地适应教育大数据环境，对预警与危机干预系统所需的各种数据的元描述的研究越来越迫切。

其次，分布式预警算法需要深入研究。尽管许多学者和专家已经提出了多种预警算法以适应实际应用的需要，但是随着教育大数据规模的进一步扩大，目前的预警算法依然还不能进行实时预警，仍然存在实时性和可扩展性问题。

最后，对预警结果的解释性能有待提高。预警与危机干预系统应能够说服有心理健康风险的学生认识自己存在的风险，并主动改正自己存在的问题，主动预防风险，预警与危机干预系统应该具有强有力的说服力使学生心悦诚服，向有心理健康风险学生解释风险产生的原因，同时支持学生与系统互动，找出有效的预防风险措施。而当前的预警与危机干预系统只能通过简单的预警结果，向学生等用户提供简单的危机干预策略，要达到上述目的，这些研究显然还不够深入。

10.2.2 后续研究

随着智慧校园的深入推进，教育大数据的价值日益凸显，在本书研究成果的基础上，今后将进一步拓展如下几方面的研究：

（1）大数据预处理过程的完善。不同的预警算法对数据的要求有所不同，如何提高教育大数据预处理的自主性，减少人工干预，是一个非常有价值的问题，有待进一步研究。

（2）分布式实时预警算法的研究。教育大数据具有异构、稀疏、多源等特征，预警算法应能够适应教育大数据的各种特征，实时产生预警结果，及时有效干预学生心理危机。

（3）面向心理健康风险预警结果的危机干预系统研究。综合运用教育学、心理学、社会学、统计学、数学、计算机等学科知识，完善对预警结果的解释，研究和开发心理危机干预系统，为这些学生提供及时有效的危机干预路径，帮助这些学生主动地预防心理健康风险。

主要参考文献

［1］ 张慧. 大学生心理健康教育的困境及出路［J］. 中国电化教育，2023
（12）：99-105.

［2］ 郭兰. 大学生心理健康知识教育对策和途径研究——评《大学生心理健
康教育》［J］. 中国学校卫生，2021，42（7）：955.

［3］ 许国彬，陈国海. 大学生心理健康教育［M］. 北京：清华大学出版社，
2021.

［4］ 王婉. 马克思主义生命观视域下大学生心理危机干预研究［D］. 郑州：
郑州大学，2022.

［5］ HUNG J L，RICE K，KEPKA J，et al.Improving predictive power through deep
learning analysis of K-12 online student behaviors and discussion board content［J］.
Information Discovery and Delivery，2020，48（4）：199-212.

［6］ 郝晓玲，李艳红，赵凌萍，等. 数据驱动的教学仪表盘设计与应用［J］.
中国教育信息化，2020，482（23）：53-58.

［7］ 阮士桂. 美国州级纵向教育数据系统（SLDS）发展特征及启示［J］. 中
国远程教育，2019，40（12）：71-78.

［8］ 张丛铄. 基于大数据的研究生心理危机预警机制的构建［J］. 中国新通
信，2020，22（2）：80-81.

[9] GUTIÉRREZ L, FLORES V, KEITH B, et al.Using the Belbin method and models for predicting the academic performance of engineering students [J]. Computer Applications in Engineering Education, 2019, 27 (2): 75–80.

[10] BENITO S, LOPEZ-MARTIN C .A review of the state of the art in quantifying operational risk [J]. The Journal of Operational Risk, 2018, 13 (4): 89–129.

[11] FERNANDO C, BARBOSA M W, GOMES R R.Measuring participation in distance education online discussion forums using social network analysis [J]. Journal of the American Society for Information Science and Technology, 2019, 70 (2): 140–150.

[12] 杨坤融. 基于机器学习的MOOC辍学预测策略研究 [D]. 重庆: 重庆邮电大学, 2023.

[13] CHOE D .Longitudinal relationships amongst child neglect, social relationships, and school dropout risk for culturally and linguistically diverse adolescents [J]. Child Abuse & Neglect, 2021, 112 (2): 104891.

[14] JENNIFER C, PADMAKUMARI P .The role of self-fulfilling prophecies in education: teacher-student perceptions [J]. i-Manager's Journal on Educational Psychology, 2018, 12 (1): 8.

[15] NEAL G E, EFFGEN S K, ARNOLD S, et al.Description of school-based physical therapy services and outcomes for students with down syndrome [J]. Journal of Autism and Developmental Disorders, 2019, 49 (10).

[16] NAWAZ N, DURST S, HARIHARASUDAN A, et al.Knowledge management practices in higher education institutions—a comparative study [J]. Polish Journal of Management Studies, 2020, 22 (2): 291–308.

[17] SPENCER M E, WATSTEIN S B .Academic library spaces: advancing student success and helping students thrive [J]. Portal Libraries and the Academy, 2017, 17 (2): 389–402.

[18] LARA J A, LIZCANO D, MARTINEZ M A, et al.A system for knowledge discovery in e-learning environment within the European higher education area—

application to student data from open university of Madrid，UDIMA ［J］．Computer & Education，2014，72：23-36.

［19］ HACHEY A C，WLADIS C W，CONWAY K M.Do prior online course outcomes provide more information than G.P.A.alone in predicting subsequent online course grades and retention？ an observational study at an urban community college ［J］．Computer & Education，2014（72）：59-67.

［20］ FELDMAN J，MONTESERIN A，AMANDI A.Detecting students'perception style by using games ［J］．Computer & Education，2014（71）：14-22.

［21］ ZHANG S，ZHOU P，LIU Z，et al.Extracting low-density and valuable association semantic link from domain news ［J］．Lecture Notes in Electrical Engineering，2014（309）：349-354.

［22］ FIGUERAS-MAZ M，GRANDÍO M，MATEUS J.Students'perceptions on social media teaching tools in higher education settings ［J］．Communication & Society，2021（34）：15-28.

［23］ CHRISTIAN，SCHUNN D，YONG，et al.The learning science of multi-peer feedback for EFL students ［J］．2021（2019-5）：13-21.

［24］ PATIL S，KULKARNI S .Mining social media data for understanding students' learning experiences using memetic algorithm ［J］．Materials Today Proceedings，2018，5（1）：693-699.

［25］ ACAR O A，TUNCDOGAN A .Using the inquiry-based learning approach to enhance student innovativeness：a conceptual model ［J］．Teaching in Higher Education，2019，24（7）：895-909.

［26］ ESTUDANTE A，N DIETRICH.Using augmented reality to stimulate students and diffuse escape game activities to larger audiences ［J］．Journal of Chemical Education，2020，97（5）：36-43.

［27］ 王福德，宋海龙，孙小海，等．多源异构教育大数据挖掘与应用平台 ［J］．吉林大学学报（信息科学版），2023，41（5）：922-929.

［28］ 赵磊，邓彤，吴卓平．基于数据挖掘的MOOC学习者学业成绩预测与群

体特征分析 [J]. 重庆高教研究, 2021, 9 (6): 95-105.

[29] 肖龙. 智能时代个性化学习中的多重偏误及其风险批判 [J]. 教育学报, 2023, 19 (6): 55-66.

[30] 杨志禹, 吴士雨, 王增琦, 等. 近十年国内教育数据挖掘领域的应用技术分析 [J]. 中国教育信息化, 2022, 28 (4): 62-69.

[31] 赵蕾, 刘劲, 陈彬茹. 基于大数据和云计算的个性化教学系统研究——以"智慧学伴"自适应学习平台为例 [J]. 电子测试, 2021 (14): 118-119; 60.

[32] 方海光, 罗金萍, 陈俊达, 等. 基于教育大数据的量化自我MOOC自适应学习系统研究 [J]. 电化教育研究, 2016, 37 (11): 38-42; 92.

[33] AJIBADE S S M, AHMAD N B B, SHAMSUDDIN S M .Educational data mining: enhancement of student performance model using ensemble methods [J]. IOP Conference Series Materials Science and Engineering, 2019 (551): 012061.

[34] 郭羿, 韦文山, 邓居昌. 基于线上线下学习行为分析的学生成绩预测研究 [J]. 现代计算机, 2022, 28 (17): 23-29.

[35] ALSADOON E, TURKESTANI M.Virtual classrooms for hearing-impaired students during the coronavirus COVID-19 pandemic [J]. Revista Romaneasca Pentru Educatie Multidimensionala, 2020, 12 (1Sup2): 01-08.

[36] ALSHDAIFAT E, AL-SHDAIFAT A, ZAID A, et al.The impact of data normalization on predicting student performance: a case study from Hashemite University [J]. International Journal of Advanced Trends in Computer Science and Engineering, 2020, 9 (4): 4580-4588.

[37] 马世龙, 乌尼日其其格, 李小平. 大数据与深度学习综述 [J]. 智能系统学报, 2016, 11 (6): 728-742.

[38] 赵鹏, 朱祎兰. 大数据技术综述与发展展望 [J]. 宇航总体技术, 2022, 6 (1): 55-60.

[39] 杨刚, 杨凯. 大数据关键处理技术综述 [J]. 计算机与数字工程, 2016,

44（4）：694-699.

[40] 杜修振，吴乘龙，曾彪，等．基于大数据的网络舆情监控系统［J］．信息技术与信息化，2020（2）：18-20.

[41] ZHAO Z，ZHU Z，WANG J，et al.Revocable attribute-based encryption with escrow-free in cloud storage［J］．Journal of Electronics & Information Technology，2018，40（1）：1-10.

[42] 王兴宏．大数据应用及新时期所面临的挑战研究［J］．青岛大学学报（自然科学版），2020，33（3）：22-27.

[43] 孙晨霞，施羽暇．近年来大数据技术前沿与热点研究——基于2015—2021年VOSviewer相关文献的高频术语可视化分析［J］．中国科技术语，2023，25（1）：88-96.

[44] 李馨．高等教育大数据分析：机遇与挑战［J］．开放教育研究，2016，22（4）：50-56.

[45] 梅鹏江．混合式教学下学生学业水平预测模型的研究［D］．南京：南京信息工程大学，2022.

[46] 孙曙辉，刘邦奇，李鑫．面向智慧课堂的数据挖掘与学习分析框架及应用［J］．中国电化教育，2018（2）：59-66.

[47] 吴伟，邱发生．大数据时代背景下驱动式教育变革与创新——评《大数据驱动下的教育变革与创新》［J］．中国高校科技，2023（9）：101.

[48] 高书国．教育强国视域下中国教育的变革之道——从工业教育时代步入智能教育时代的系统跃升［J］．中国教育学刊，2024（1）：6-12.

[49] 孙洪涛，郑勤华．教育大数据的核心技术、应用现状与发展趋势［J］．远程教育杂志，2016，34（5）：41-49.

[50] 李振，周东岱，刘娜，等．教育大数据的平台构建与关键实现技术［J］．现代教育技术，2018（1）：100-106.

[51] 李香勇，王艳．我国学习分析的十年发展现状及未来路向［J］．桂林航天工业学院学报，2023，28（4）：644-658.

[52] 杨丰玉，聂伟，郑巍，等．基于大数据的学习预警研究综述［J］．现代

计算机，2021（4）：8-17.

[53] YAO H X，NIE M，SU H，et al.Predicting academic performance via semi-supervised learning with constructed campus social network［C］//International Conference on Database Systems for Advanced Applications.Switzerland：Springer Cham，2017，597-609.

[54] 孟祥飞，冯景华，赵洋，等．应用驱动的大数据融合平台建设［J］．大数据，2017，3（2）：67-77.

[55] 荣盘祥，曾凡永，黄金杰．数据挖掘中特征选择算法研究［J］．哈尔滨理工大学学报，2016，21（1）：106-109.

[56] 王磊．基于云计算技术的数据挖掘研究［J］．科技与创新，2023（20）：117-119.

[57] 余小高，余小鹏．基于时间轴的高校学生基本特征值分析［J］．教育观察（上半月），2017，6（13）：12-14.

[58] 金玉．基于学习大数据的学生学习成绩预测关键技术研究［D］．南京：东南大学，2022.

[59] 刘爱楼，欧贤才．基于个体中心视角的大学生自杀风险特征［J］．当代青年研究，2017，346（1）：96-102.

[60] 余小高，余小鹏．基于距离和密度的无监督聚类算法的研究［J］．计算机应用与软件，2010，27（7）：122-125；168.

[61] 余小高．大数据环境中微课程个性化学习的研究［J］．中国教育信息化．2015（13）：126-128.

[62] 刘譞．基于学生行为的成绩预测模型的研究与应用［D］．成都：电子科技大学，2017.

[63] 余小鹏，余小高．面向MOOC的情境仿真支持系统［J］．武汉工程大学学报，2018，40（3）：340-344.

[64] 罗元剑，姜建国，王思叶，等．基于有限状态机的RFID流数据过滤与清理技术［J］．软件学报，2014（8）：1713-1728.

[65] 李笑梅．多指标综合评价方法综述［J］．统计与管理，2022，37（2）：

45-48.

[66] 谭同超. 有限状态机及其应用 [D]. 广州：华南理工大学，2013.

[67] 刘建华，耿霞，李文杰. 基于标准分的马尔科夫链在教学效果评价中的应用研究 [J]. 教育教学论坛，2018（19）：202-204.

[68] 孟凡力. 百度文库用于改善学生数据结构成绩预测的研究 [D]. 重庆：重庆大学，2016.

[69] 余小高. P2P环境中k最近邻搜索算法研究 [J]. 微电子学与计算机，2009，26（9）：61-63.

[70] 余小高，余小鹏. 基于网络日志的用户偏好判断方法 [J]. 中国信息技术教育. 2017，（21）：98-101.

[71] 余小高，余小鹏. 一种基于角相似性的k最近邻搜索算法 [J]. 计算机应用研究，2009，26（9）：3296-3299.

[72] 余小高. 电子商务智能推荐系统研究 [M]. 武汉：湖北人民出版社，2012：52-118.

[73] 施启军，潘峰，龙福海，等. 特征选择方法研究综述 [J]. 微电子学与计算机，2022，39（3）：1-8.

[74] 周琪. 特征选择与特征学习算法研究 [D]. 合肥：中国科学技术大学，2017.

[75] 汤逸凡. 基于特征选择和集成学习的入侵检测技术的研究与实现 [D]. 北京：北京邮电大学，2023.

[76] 马晓菲. 高维小样本数据下集成式特征选择算法的比较研究 [D]. 长春：长春工业大学，2024.

[77] 张庐婧，林国平，林艺东，等. 多尺度邻域决策信息系统的特征子集选择 [J]. 模式识别与人工智能，2023，36（1）：49-59.

[78] 李郅琴，杜建强，聂斌，等. 特征选择方法综述 [J]. 计算机工程与应用，2019，55（24）：10-19.

[79] 靳炳烨，王锋，魏巍. 半监督Relief-F特征选择算法 [J]. 河北师范大学学报（自然科学版），2023，47（4）：348-353.

［80］ 吴心坪. 基于最小二乘回归的半监督稀疏特征选择算法研究 ［D］. 成都：西南交通大学，2022.

［81］ ZHU X，ZHANG S，HU R，et al.Local and global structure preservation for robust unsupervised spectral feature selection ［J］. IEEE Transactions on Knowledge & Data Engineering，2018，30（3）：517-529.

［82］ 支晓斌，武少茹. 基于最小平方 QR 分解的改进鲁棒特征选择 ［J］. 西安邮电大学学报，2019，24（6）：35-41.

［83］ 江兵兵，何文达，吴兴宇，等. 基于自适应图学习的半监督特征选择 ［J］. 电子学报，2022，50（7）：1643-1652.

［84］ 龚静，黄欣阳. 基于隐性语义索引的多标签文本分类集成方法 ［J］. 计算机工程与设计，2017，38（9）：2556-2561.

［85］ 杨燕燕，张晓，李翔宇，等. 基于样本和特征搜索空间不断缩小的模糊粗糙集特征选择 ［J］. 重庆邮电大学学报（自然科学版），2021，33（5）：759-768.

［86］ 钟岩. 基于局部到全局相关性和稀疏图的多标签特征选择方法 ［D］. 合肥：中国科学技术大学，2022.

［87］ R BEHERA，K DAS.A survey on machine learning：concept，algorithms and applications ［J］. International Journal of Innovative Research in Computer & Communication Engineering，2017，2（2）：1301-1309.

［88］ VINH N，ZHOU S，CHAN J，et al.Can high-order dependencies improve mutual information based feature selection？［J］. Pattern Recognition，2016，53（C）：46-58.

［89］ EGEA S，REGO A，CARRO B，et al.Intelligent IoT traffic classification using novel search strategy for fast based-correlation feature selection in industrial environments ［J］. IEEE Internet of Things Journal，2018，5（3）：1616-1624.

［90］ KIM H，JIN Y.Hierarchical multi-class LAD based on ova-binary tree using genetic algorithm ［J］. Expert Systems with Applications，2015，42（21）：8134-8145.

［91］ 张婧，曹峰，董毓莹，等．基于互信息和遗传算法的特征选择算法［J］．山西大学学报（自然科学版），2024，47（1）：1-8．

［92］ 吴青，付彦琳．支持向量机特征选择方法综述［J］．西安邮电大学学报，2020，25（5）：16-21．

［93］ WANG L，WU C.A combination of models for financial crisis prediction：integrating probabilistic neural network with back-propagation based on adaptive boosting［J］．International Journal of Computational Intelligence Systems，2017（10）：507-520．

［94］ CHOI H，YEO D，KWON S，et al.Gene selection and prediction for cancer classification using support vector machines with a reject option［J］．Computational Statistics & Data Analysis，2011，55（5）：1897-1908．

［95］ WANG S，CONG Y，CAO J，et al.Scalable gastroscopic video summarization via similar-inhibition dictionary selection［J］．Artificial Intelligence in Medicine，2016（66）：1-13．

［96］ 吴兴宇，江兵兵，吕胜飞，等．基于马尔科夫边界发现的因果特征选择算法综述［J］．模式识别与人工智能，2022，35（5）：422-438．

［97］ 周锐闯，田瑾，闫丰亭，等．融合外部注意力和图卷积的点云分类模型［J］．图学学报，2023，44（6）：1162-1172．

［98］ 张忠林，冯宜邦，赵中恺．一种基于SVM的非均衡数据集过采样方法［J］．计算机工程与应用，2020，56（23）：220-228．

［99］ 罗康洋．基于支持向量机的高维不平衡数据集分类算法及其应用研究［D］．上海：上海工程技术大学，2020．

［100］ 刘梦依．基于不平衡数据集的数据挖掘分类算法研究［D］．兰州：兰州理工大学，2018．

［101］ 冯宜邦．基于重采样的非均衡数据分类算法研究及应用［D］．兰州：兰州交通大学，2022．

［102］ 章延．基于改进非平衡策略和深度学习的入侵检测研究［D］．桂林：桂林电子科技大学，2019．

[103] 樊芮，陈湘媛，王冠男，等. 不平衡数据集异常检测和分类算法 [J]. 电力系统及其自动化学报，2023，35（9）：112-119.

[104] 李轩. 基于少数类样本重组的不平衡数据分类研究 [D]. 长沙：湖南大学，2016.

[105] 梁毅，吐尔地·托合提，艾斯卡尔·艾木都拉. 多层CNN特征融合及多分类器混合预测的多模态虚假信息检测 [J]. 计算机工程与科学，2023，45（6）：1087-1096.

[106] 程凤伟，王文剑，张珍珍. 面向高维小样本数据的层次子空间ReliefF特征选择算法 [J]. 南京大学学报（自然科学），2023，59（6）：928-936.

[107] 董晨. 基于代价敏感学习的不平衡数据挖掘算法研究 [D]. 昆明：云南财经大学，2022.

[108] 郭梦影，孙振宇，朱好晴，等. 基于超级参数调整的网络表示学习算法性能公平比较框架 [J]. 计算机学报，2022，45（5）：897-917.

[109] 乐明明. 数据挖掘分类算法的研究和应用 [D]. 成都：电子科技大学，2017.

[110] 张海燕，刘岩，马丽萌，等. 决策树算法的比较与应用研究 [J]. 华北电力技术，2017（6）：42-47.

[111] 刘兆伦，张春兰，武尤，等. 一种增量式贝叶斯算法及篦冷机故障诊断 [J]. 中国机械工程，2019，30（10）：1163-1171.

[112] 黄刚，李正杰. 基于Hadoop平台的SVM-WNB分类算法的研究 [J]. 计算机应用研究，2016，33（11）：3215-3218.

[113] 何方. 基于集成学习和公平分类的多阶段信用评估模型研究 [D]. 杭州：浙江财经大学，2023.

[114] 芦思雨. 数据挖掘中分类算法的比较分析 [D]. 天津：天津财经大学，2016.

[115] 高岩. 基于特征选择与集成学习模型的网络钓鱼检测研究 [D]. 长春：吉林大学，2022.

[116] 李淑，覃娴萍，翟晓童，等. 神经网络结构自适应研究综述 [J]. 模式

识别与人工智能，2023，36（12）：1087-1103.

[117] 徐丹丹. 基于深度学习的短期风功预测建模与地基云图分类方法研究 [D]. 镇江：江苏科技大学，2023.

[118] 刘东启. 基于支持向量机的不平衡数据分类算法研究 [D]. 杭州：浙江大学，2017.

[119] 王亚宸. 基于数据预处理和人工智能优化的组合预测模型的研究及应用 [D]. 兰州：兰州大学，2017.

[120] 陈华友，朱家明，丁珍妮. 组合预测模型与方法研究综述 [J]. 大学数学，2017（4）：1-10.

[121] 孙凯. 基于组合预测算法的电信客户流失预警模型研究 [D]. 昆明：云南财经大学，2020.

[122] 邵心元，雷强，郑金，等. 基于Logistic回归模型的电力新能源产业专利价值评估方法研究 [J]. 自动化应用，2023，64（5）：41-44；50.

[123] 王雪. 投票式组合预测模型在个人信用评估中的应用研究 [D]. 哈尔滨：哈尔滨工业大学，2011.

[124] 杨杉，肖治华，张成. 基于威胁情报和多分类器投票机制的恶意URL检测模型 [J]. 计算机与数字工程，2020，48（8）：1969-1974.

[125] 叶雪强，桂预风. 基于Markov链修正的改进熵值法组合模型及应用 [J]. 统计与决策，2018（2）：69-72.

[126] 于秀伟. 组合预测中单项预测模型的选择研究 [D]. 西安：长安大学，2015.

[127] 亢良伊，王建飞，刘杰，等. 可扩展机器学习的并行与分布式优化算法综述 [J]. 软件学报，2018，29（1）：109-130.

[128] 李佳郭，剑毅，刘艳超，等. 基于多分类器加权投票法的越南语组合歧义消歧 [J]. 计算机科学，2018，45（1）：167-172.

[129] 韩世浩. 基于支持向量机的风电功率组合预测模型研究 [D]. 淄博：山东理工大学，2020.

[130] 周理. 基于Hadoop的数据挖掘算法的研究与应用 [D]. 北京：华北电力

大学，2020.

[131] 王辉，潘俊辉，PETRESCU M，等. Hadoop下并行化实现文本聚类的优化算法 [J]. 计算机与数字工程，2022，50 (12)：2611-2615；2664.

[132] 叶志列. 基于平均互信息的有权网络社区发现算法研究 [D]. 广州：华南理工大学，2020.

[133] 刘彤，齐慧冉，倪维健. 基于多层特征融合的学生成绩预测模型 [J]. 计算机工程与设计，2023，44 (10)：2973-2978.

[134] 贾芝婷. 云边协同下Spark数据倾斜改进及决策树并行化应用研究 [D]. 石家庄：河北经贸大学，2022.

[135] 谷函哲. 基于Mapreduce并行化的知识库三元组去噪方法研究 [D]. 北京：首都经济贸易大学，2022.

[136] 余明辉，张良均，高杨，等. Hadoop大数据开发基础 [M]. 北京：人民邮电出版社，2018.

[137] 邢洪波. 基于Hadoop的医疗数据存储的研究 [D]. 沈阳：沈阳工业大学，2023.

[138] 杜萌. 快速稀疏多元逻辑回归与分布式并行化 [D]. 重庆：重庆邮电大学，2020.

[139] 刘晓琳. 带有结构稀疏的逻辑回归模型研究及其应用 [D]. 北京：中央民族大学，2023.

[140] 白树虎. 基于大数据和机器学习的心理危机个体识别模型 [J]. 电子设计工程，2023，31 (13)：17-21.

[141] 张坤. 树增强朴素贝叶斯算法的改进及其并行化研究 [D]. 长沙：长沙理工大学，2019.

[142] 陈佳明，骆力明，宋洁. 大学基础课课程成绩加权投票预测模型研究 [J]. 现代电子技术，2020，43 (1)：93-98.

[143] 杜德鹏. 多因素耦合预测的建模及应用研究 [D]. 烟台：烟台大学，2023.

[144] 雷天奇. 高校学生行为挖掘分析与成绩预测方法研究 [D]. 咸阳：西北

农林科技大学，2021.

[145]　郑友杰．基于网络日志的高校学生成绩预测系统的研究与实现［D］．重庆：重庆大学，2016.

[146]　余嫦，柯敏，农彬彬．大学生学习心理危机及预警机制研究［J］．长江大学学报（社会科学版），2012，35（7）：128-129.

[147]　白琴，胡慧慧，许鹏，等．大学生心理健康与父母养育方式、社会责任感、生命态度的相关性［J］．中国健康心理学杂志，2024，32（1）：97-103.

[148]　温婧．大学生常见的学习心理问题及调适［J］．青春岁月，2016（11）：86.

[149]　韦宛余，韦世艺．近十年我国大学生学习心理问题研究综述［J］．广西青年干部学院学报，2020，30（3）：19-22.

[150]　柳国强．大学生常见的学习心理问题及调适［J］．邢台职业技术学院学报，2009，26（6）：30-32.

[151]　余小高，余骥超．基于个体特征的大学生心理危机干预策略研究［J］．长江信息通信，2023，36（11）：17-20.

[152]　梁洁．论大学生心理健康教育与课程思政的有机融合——评《心理健康与思想政治教育》［J］．科技管理研究，2021，41（20）：244.

[153]　余小高．融入课程思政的大学生心理危机干预系统［J］．福建电脑，2023，39（10）：61-66.

[154]　余小高，余骥超．虚拟大学生心理健康服务中心技术架构浅析［J］．长江信息通信，2022，35（12）：123-126.

[155]　姚坤．落实立德树人根本任务积极探索大学生心理健康教育课程思政规律［J］．安阳工学院学报，2022，21（3）：91-93.

[156]　国晓雪．面向大数据征信的分布式计算系统的研究与实现［D］．北京：北京邮电大学，2024.

[157]　冯宁．高校大学生心理健康教育课程思政改革探索［J］．成才之路，2022（14）：31-33.

[158]　张雪莹，杨璐一，尹宗毅．基于大数据基础的工科院校大学生心理危机

干预机制研究［J］. 黑龙江教育（理论与实践），2022（1）：44-45.

[159] 毕秀琴. 心理韧性干预下大学生心理危机机制研究［J］. 现代职业教育，2022（22）：157-159.

[160] ALSHDAIFAT E，AL-SHDAIFAT A，ZAID A，et al.The impact of data normalization on predicting student performance：a case study from Hashemite University［J］. International Journal of Advanced Trends in Computer Science and Engineering（2278-3091），2020，9（4）：4580-4588.

[161] 彭涛，丁凌云. 基于教育数据挖掘学生表现预测模型构建研究［J］. 黑龙江高教研究，2015（11）：55-58.

[162] 张彧，谢清理. 中国式学习型大国建设：内涵、特征与推进方略［J］. 成人教育，2024，44（2）：1-6.

[163] 张一春，钟秋菊，任屹远. 高校教学信息化创新发展的核心内容与实践进路——基于教育数字化转型的TASH视角［J］. 电化教育研究，2024，45（2）：71-76；83.

[164] 贾同，蔡建东. 生成式人工智能对教育生产力的变革［J］. 现代教育技术，2024，34（1）：107-116.

[165] 林佳燕，刘文庆. 大数据视阈下高校心理健康教育的机遇和挑战［J］. 湖北开放职业学院学报，2024，37（2）：155-157.

[166] 毛君安. 基于用户体验的大学生心理健康管理APP界面设计研究［D］. 武汉：中南民族大学，2022.

[167] 余小高. 基于大数据的高风险学生预测研究［M］. 厦门：厦门大学出版社，2019.

[168] 杨翱，赵婷婷. 我国高校在线教学运行状况及其质量评价问题探讨——基于疫情期间超星智慧教学系统的数据分析［J］. 高等理科教育，2020（6）：1-10.

[169] 马睿. "双一流"背景下省属院校教师教学评价体系研究［D］. 哈尔滨：哈尔滨理工大学，2023.

[170] 田堃，贺颖，徐小然，等. 面向一种基于数据分析的方法用于计算和预

测敏感情景教学效果 [J]. 评价与管理，2022，20（1）：113.

[171]　余小高，鲁群志. 分布式动态数据库增量关联规则挖掘研究 [J]. 软件
　　　　导刊，2017，16（10）：166-169.

索引

后记

当今时代，科技飞速发展，社会日新月异，多元文化相互交融，生活方式丰富多彩。大学生是国家的希望和未来，大学阶段是人生发展的重要时期，是世界观、人生观、价值观形成的关键时期。

大学是哺育英才的摇篮，探求知识的殿堂。为做好当代大学生的教育工作，引导和培养他们树立正确的世界观、人生观和价值观，应以学生的学习和发展为中心搭建个性化教育平台，推动人才培养高质量发展。大数据技术为培养高质量人才提供了支撑，有助于准确地了解、引导和帮助每一个学生，使他们健康成长，顺利完成学业。本书研究的大学生心理健康风险预警与危机干预，是提高人才培养质量的重要途径，有利于发现无法正常学习的有心理健康风险的学生，教师、辅导员和教育管理者等能够有针对性地对这些学生进行干预和帮扶，因材施教，为他们未来发展提供持续动力和无限可能，使他们成为社会主义事业的合格建设者和可靠接班人。

2010年以来，笔者重点研究大数据技术在大学生心理健康领域的应用，围绕大学生心理健康问题展开研究，研究成果分别发表于

《计算机应用与软件》《中国信息技术教育》《教育观察》《中国教育信息化》《软件导刊》《科技创业月刊》《高教学刊》《长江信息通信》《福建电脑》等期刊。作为课题负责人，申报并组织研究了湖北省高等学校哲学社会科学研究重大项目（省社科基金前期资助项目）"大学生心理健康风险预警与危机干预研究"（项目编号：21ZD092），其阶段性的研究成果陆续发表于《长江信息通信》《福建电脑》等期刊和有关国际会议论文集上，并进行了交流，本书是该课题的研究成果，并得到该课题的资助。

　　研究过程中，特别感谢武汉工程大学的余小鹏、俄亥俄州立大学的余骥超，他们给了我很多好的建议，提供了许多新思路，共同解决了许多疑难问题。感谢中南财经政法大学的张凯教授、汤俊教授，武汉科技大学的汪勇教授，武汉理工大学的熊前兴教授等，他们在百忙之中对我的著作提纲和写作思路提出了宝贵的修改意见，并为我的研究提供了很多便利条件。值此完稿之际，谨向他们表示最诚挚的感谢！我还要深深感谢长期关心和热情支持我事业发展的湖北经济学院的校领导，感谢湖北经济学院科研处、网络中心、教务处、学工处、图书馆、信息管理学院等部门的各位领导和同事，他们在课题的研究和本书的出版上给予我许多关心、鼓励和帮助。

　　最后感谢我所查阅资料的各位作者，他们的研究成果给予了我莫大的帮助，非常感谢！

　　谨以本书献给所有支持并给予我切实帮助的人。

余小高

2024 年 8 月